大塚ひかり

Hikari Otsuka

くそじじいと
くそばばあの
日本史

ポプラ新書
196

くそじじいとくそばばあの日本史／目次

凡例

＊本書では、古典文学から引用した原文は〝〟で囲んであります。
＊〝〟内のルビは旧仮名遣いで表記してあります。
＊引用した原文は本によって読み下し文や振り仮名の異なる場合がありますが、巻末にあげた参考文献にもとづいています。
ただし読みやすさを優先して句読点や「」を補ったり、片仮名を平仮名に、平仮名を漢字に、旧字体を新字体に、変えたりしたものもあります。
＊古代・中世の女性名は正確な読み方が不明なものが大半なので、基本的にルビはつけていません。
＊引用文献の趣意を生かすため、やむを得ず差別的な表現を一部使用している場合があります。
＊敬称は、面識のある人などのほかは、基本的に略してあります。
＊とくに断りのない限り、現代語訳は筆者によるものです。

はじめに　くそ爺婆はかっこいい！

大のおばあちゃん子だった私は、長谷川町子の『いじわるばあさん』という漫画が大好きでした。

車で電信柱にぶつかった男に酒を渡し「よっぱらい運転」に仕立てるという洒落にならないイタズラから、友達と寺参りして「アーメン」と祈る嫌味なものまで、嫌がらせばかりしている。犬に空き缶をいっぱいくくりつけ、木にぶら下がるドーナツめがけて、ガラン、ガラン、ドッシーン、という音を立てさせることで爺の血圧を上げるという、今なら炎上モノのイタズラも数知れません。嫁いびり、孫いじめは日常茶飯事。当然、三人の息子たちにも厄介者にされ、たらい回しにされて、酔って寝込んだところを老人ホームの前に捨てられるというシュールな展開になることも……。

「きょうもだれからもさそわれなかった」などと「こどく」をかこちながらの意地悪

の合間には、爺とデートや見合いをしたり、爺がほかの婆さんに色目を使ったというので嫉妬するといった色気も枯れず、今読んでも面白く、新鮮なのです。

ここに頻繁に出てくることばが、

「クソばばぁ」（原文ママ）

でした。

タイトルの『いじわるばあさん』もそうなんですが、ここに子ども心にも妙なかっこよさを感じていたんです。

一つには「悪」のかっこよさがある。「悪」って「強い」って意味もあるんですよね。源義平が強く勇猛なため、「悪源太」と呼ばれていたのなどは良い例です。

それプラス、主人公がおばあちゃんだったというのが大きい。

そもそも子どもと爺婆って相性がいいんです。昔話を語ってくれたり遊んでくれたり。それに家族の中では共に「役立たず」として肩身の狭い立場にある。これも本文で触れますけど、無文字社会の老人は「社会のお荷物」として冷遇されていたことが明らかにされています（⇩1・10）。つまりは社会の「弱者」なんです。

そんな弱者が、部長や医者や漫画家（それぞれいじわるばあさんの長男・次男・三男）といった社会の第一線で働く男たちをはじめ、いじわるばあさんを邪魔者扱いする嫁や近所のおばさん、心優しい人々や子どもにまでも容赦なく、意地悪をする。

嫌がらせのためには嘘やズルや暴力も厭《いと》わない。

時にしっぺ返しもあるものの、建前や道徳といった綺麗事とは無縁の世界が、子どもも心にも痛快で、アンチヒーロー、ダークヒーローの魅力がありました。


くそじじいやくそばばあって、かっこいいんですよ。

いじわるばあさんも、くそばばあ呼ばわりされながら、人の親切も疑ってかかる猜《さい》疑《ぎ》心の塊ですから、横断歩道で手を引いてもらえば貴重品を確認する。オレオレ詐欺にだって引っかかりようがありません。

年寄りって、優しさとか穏やかさを求められがちですが、そんなふうに人の期待に応えようとしたりいい人でいようとしたりするから、詐欺にも引っかかるし、腹も立つ。

これも追々説明しますが、「くそ」にはパワフルというような意味もありますからね。

私自身、数えで還暦となって思うに、超高齢社会となった今、こういうくそ爺婆のパワフルさこそが求められているんじゃなかろうか、と。

そんな思いで歴史を見ると、いるいる、くそ爺婆たちがいる。

そもそも、昔も長生きな老人はたくさんいたんです。

前近代の平均寿命が低いのは乳幼児の死亡率が異常に高いからで、古代の法律（律《りつ》令《りょう》）での老人の規定も六十一歳以上。六十六歳以上で課役を免除されました。満年齢にすれば六十で定年を迎え、六十五歳で年金をもらい始める現代人と変わりません。

しかも官僚が退職をゆるされる年齢は七十歳と、定年を後倒しする動きのある現代日本を先取りしています。

一方で、庶民はそんなにいい働き口もなく、年金なんてありませんから、死ぬまであくせく働かざるを得なかったり、七十過ぎても婚活をしていたりといった、結果的には現代そっくりな状況が実態だったことは、爺が山で柴刈りをする『桃太郎』や、大晦日に笠を売ったりする『笠地蔵』といった昔話、七十過ぎて行商しながら相手を探す婆を描いた『おようの尼』といった古典文学の中に反映されています（⇒6）。（このあたりの詳細は拙著『昔話はなぜ、お爺さんとお婆さんが主役なのか』を、ぜひ）。

要は、昔の老人も長生きな人は長生きだったわけです。

そして、そういう老人たちの中に、『いじわるばあさん』顔負けのくそ爺婆がいる。歴史を通じて基本的に「弱者」に属す老人たちですが、時に小ずるく、時にしたたかに立ち回りながら、命の燃え尽きるぎりぎりまで、持てる力の限りを尽くして生きていた人たちがいた。そんな事実をありのままに伝えることで、ステレオタイプな「昔の老人」観……昔は短命で、老人は三世帯家族の中でのんびりやっていたというようなな……から離れた、生きた爺婆像を共有したい。ともすると、加齢の重圧にくじけそうになる私自身が、爺婆たちの生き方に励まされたいのです。

彼ら彼女らにあやかりたいと思うも良し、こんなくそ爺婆にはなりたくないと反面教師にしていただくも良し。

パワーあふれる昔の老人たちに、あきれたり憤ったり、笑ったりしていただければ幸いです。

パワフル・ワードとしての「くそ」

と、その前に、くそ爺婆の「くそ」というのは、つまりはうんこで、つまらぬ、劣る、悪い、というマイナスの意味が先立ちがちですが……。

どっこい、厠《かわや》の研究で知られた李家正文《りのいえまさふみ》によれば、

「もともと、くそといふ国語の意味は、草、瘡、腐る、奇し、楠、薬、癖、曲、屎といふ言葉でわかるやうに、香ぐはしきもの、異香を放つもの、奇しきもの、霊妙なもの、変はつたもの、腐つたものといふ意味をもつてゐる同系の言葉であつて、もとはくすといつたものらしく、沖縄ではいまも屎をくすと発音してゐる」（『古代厠攷《こう》』）

といいます。

神話には、イザナミノ命《みこと》の断末魔のくそから生まれた神もいて、肥やしよろしくモノを生み出すパワーもある。

くそにはそんな、どちらかというとプラスの意味もあるのです。

古代人は、こうしたことばの魔力をたのみ、名前につけていたほどで、『日本書紀』には〝倉臣小屎《くらのおみをくそ》〟という名が出てくるし（巻第二十五　孝徳天皇　白雉《はくち》元年二月）、桓武天皇の皇子の母には〝藤原小屎〟という名の女もいる（『本朝皇胤紹運録』）。

くそは古語で敬愛の称でもあって、平安中期の『大和物語』一三八段にも、〝こやくしくそ〟と呼ばれる人が登場します。今で言うなら「こやくしちゃん」「こやくしさん」といったところでしょう。

本書では、こうしたマイナスとプラスの揺れ幅の大きい、パワフル・ワードとしてくそを使うことをまずご承知おきください。

それでは、くそじじいとくそばばあの世界にようこそ！

1　正史に残る最高齢者は「くそじじい」だった

……老人が社会のお荷物だった時代に五百八十歳まで生き延びた超VIP

神武天皇の祖父のべらぼうな寿命

日本には、最長どのくらいの年齢まで生きた人がいるか、ご存知ですか？

江戸時代には百八歳の天海という坊さん、鎌倉時代には百七歳の藤原貞子という上流貴族などが実在しましたが（⇩5）、もっと人間離れした長寿のご先祖さまが、『古事記』（七一二）『日本書紀』（七二〇）には登場します。

これらは歴史書として編まれたもので、とくに『日本書紀』は国家事業として編纂された正統な「正史」ということで前近代には尊重されていました。

こうした歴史書に、なんと五百八十年も生きた人物（というか神様）が出てくるのです。

彼の名は、ヒコホホデミノ命。

天照大御神《あまてらすおおみかみ》の孫で、初代神武天皇のおじいちゃんです。昔話の「山幸彦と海幸彦」の山幸彦のほう、と言ったら、昭和生まれの人はピンとくるでしょうか。

むかしむかし、海の獲物をとるのが得意な海幸彦と、山の獲物をとるのが得意な山幸彦という兄弟がいた。ある日、弟の山幸彦が、「それぞれの〝さち〟（道具）を交換しましょうよ」と言って交換したところ、山幸彦は兄の〝さち〟＝釣り針をなくしてしまい、千の釣り針を作ってもゆるしてもらえなかった。

それで海へ釣り針を探しに行くと、海神の娘に一目惚れされて、兄の釣り針も発見する。海神のアドバイスで、呪いのことばを唱えながら兄に釣り針を返すと、兄はえらく苦しんで、山幸彦にゆるしを乞うた。以来、兄の海幸彦は子々孫々まで、弟の山幸彦に仕える立場となった……。

と、説明するだけでも、かなり理不尽な話なんですが、この山幸彦が天皇家の先祖で、しかも五百八十歳まで生きたとされているんです。

要するに、歴史というより神話の人物なのですが、基本的に実在の人物を主体に紹介するこの本で、なぜこの山幸彦ことヒコホホデミノ命を取り上げるかというと、彼こそは我らが「くそじじい」の元祖であり、しかもそれが古代人の考えていた理想像である、と思うからです。

まず五百八十歳という、べらぼうなご長寿です。

初期天皇の寿命は百歳を超えることも珍しくないとはいえ、これは半年を一年と数えたもので、実はその二分の一と見なすべきだという説もあります。だとしても山幸彦は二百九十歳という計算になる。一部の貝類や魚類、植物といった、人間以外の生物とでも考えない限り、合点がいきません。

山幸彦の妻は海神の娘で、実体は〝八《や》尋《ひろ》わに〟（巨大ワニ。サメ説もあり）だったりするので、神話の世界ではそうした動植物の寿命が想定されているのやもしれず、そういう動植物並みにパワフルな先祖を持つ一族だからこそ尊敬に値するとされたのかもしれません。

いわゆるアニミズムや動物信仰の名残ですよね。

そういう人が天皇家の先祖とされているのは、そこに一つの理想があるからです。

ただ長生きなだけでは理想ではない

実は、文字のない「無文字社会」……いわゆる未開社会では、年寄りが大事にされるのは、あくまで知恵や健康が保たれているケースであって、健康を害した年寄りは「社会のお荷物」として、隔離や放置、遺棄や殺害といった「冷遇」を受けていることが明らかにされています（青柳まちこ「老いの人類学」……『老いの人類学』所収）。

「健全な老人は、尊敬・愛着の対象」となるものの、

「いったん老人に心身の衰えや、老衰・痴呆などの症状が現れ始めると、彼らは社会のお荷物となり、冷たくあしらわれることになる」（同上）のです。

考古学者の山田康弘は、埋葬状態や副葬品から見て縄文時代の老人は熟年や壮年期の人々と比べ、

「簡素な扱いを受けている」（『老人と子供の考古学』）

と指摘します。そして、その実態を知る手がかりとして先の青柳氏の論文などを挙げ、縄文時代の社会における老人の力は、

「相対的に低かった」

と推測しています。

実在が確認される最古の天皇と言われる第十五代応神《おうじん》が四世紀後半の人なので、初代神武天皇の祖父の山幸彦というような人がいたとしたら、それは無文字社会に生きていた人ということになります。

ということは、老人が健康であって初めて尊重される時代だったわけで、山幸彦はただ長寿というだけでは、理想人たり得なかった。

そこで「くそじじい」要素の登場となるんです。

山幸彦のくそじじいぶり

山幸彦は端的に言ってくそじじいです。

そもそも出だしからしてひどい。『古事記』によれば嫌がる兄を説《と》き伏せて（天皇の権威を強調する『日本書紀』によれば、二人で相談して）、それぞれの道具を交換、兄の釣り針を紛失してしまう。

あげく、千の釣り針を作っても、兄は「もとの釣り針がほしい」と言って突っぱねたと、さも兄が意地悪のように書かれていますが、作って済むような釣り針なら、はじめから兄に請わずとも、自分で作れば良かったのです。兄の釣り針だからこそマジカルなパワーがあるのを山幸彦も承知でせがんだのでしょう。なのに、「あんたの釣り針は、魚を釣っても一つの魚もとれない上、とうとう海でなくしちまった」（〝汝《なむち》が鉤《ち》は、魚を釣りしに、一つの魚も得ずして、遂に海に失ひき〟）って、魚が釣れなかったのも、まるで兄の責任であるかのような物言いをする。

昔話なら、良い爺さんのまねをして失敗する「隣の爺」のパターンです。

つまりは「くそじじい」。

けれど神話では、このクソな山幸彦こそ成功者で、この時点では爺どころか、超絶イケメン（〝甚麗《いとうるは》しき壮夫《をとこ》〟）。

しかるに神話では、美は善でありチカラです。

初代神武天皇の皇后の父に当たる三輪《みわ》の大物主神《おおものぬしのかみ》も〝麗しき壮夫〟ですし、景行天皇の皇子で西征東征を果たしたヤマトタケルノ命も女装姿で敵をたらし込むほどの美貌の持ち主です。

そして皆、トリッキー。

三輪の大物主神は皇后の母に当たる美人が大便しようとした時に、丹塗矢《にぬりや》に化け、その〝ほと〟（女性器）をつついて驚かせたのが二人のなれそめだし、ヤマトタケルノ命は厠《かわや》で待ち伏せして兄を殺したり、女装姿で敵の目をくらまして不意打ちしたり、友達になるふりをして敵の太刀を竹光とすり替えだまし討ちしたりする。

山幸彦もその美貌で海神の娘を一目惚れさせて結婚。魚の口に引っかかっていた釣り針を取り戻し、

「兄に返す時、呪いながら返すといいよ」

という舅《しゅうと》(海神)のアドバイスで、釣り針返却時、兄に呪いをかけ、海神にもらった潮の満ち干を操る珠《たま》で溺れさせて苦しめたあげく、

「これからはあなたを昼夜、守護する者として仕えます」

と命乞いさせる。

以来、兄の子孫である九州の隼人の一族は、溺れた時の格好をして、弟の子孫＝天皇に仕えることになった、というわけです。

兄にしてみれば理不尽としか言いようがない。

でも。

『古事記』や『日本書紀』では、この手の卑怯とも言える「策略」や「だまし」は、「知恵」として語られているんです。農耕以前の、狩猟採集が主体だった太古の昔は、罠

を仕掛けるなどの策略が善であったということもあるでしょう。少ない労力（兵力）で効率的に敵を倒すわけですから、本当の英雄って実はこういう人のことを言うんじゃないか、正々堂々と戦うなんていうのは建前だけの道徳に曇らされた近代人の感覚で、やってることは人殺しなわけですから、むしろフェイントで済ませた山幸彦などは素晴らしい策士と言えます。

そんなこんなで、神話時代の神や英雄は、美貌で知恵者というのが定番です。山幸彦もそうした英雄のひとりです。

山幸彦はクソ男、くそじじいだからこそ理想の男、英雄たり得ているのです。

ついでに言うと山幸彦は、「私のお産しているところは見ないで」と言う妻を裏切って覗き見し、妻の正体が巨大ワニであることを知り、逃げだしています。それで恥じた妻は海に帰り、生まれた子どもは、乳母でもあり母の妹でもある叔母と結婚する。この二人のあいだの子が初代神武天皇です。

五百八十歳の長寿を保って正真正銘の「くそじじい」となった山幸彦は、そんな孫の姿や子孫の行く末を、高千穂の宮で見守っていました。めでたしめでたし、です。

2　「ルポライターばばあ」が歴史を作る

……万葉の語り部婆と戦国の記録婆

女帝に愛された語り部婆

令和という元号の典拠として『万葉集』がフィーチャーされました。

この『万葉集』に、イケてるくそばばあがいます。

志斐嫗《しいのおみな》、今で言うならシイ婆さん。彼女と女帝・持統天皇の歌のやり取りが『万葉集』には載っている。まず持統天皇が、

「イヤと言うのに、強いるシイ婆さんの無理強い話。最近聞かないから聞きたくなった」（〝否と言へど　強ふる志斐《しひ》のが　強ひ語り　このころ聞かずて　朕《あれ》恋ひにけり〟）

〝志斐〟という婆の名に〝強ひ〟を掛けた駄洒落でうたうと、シイ婆さんは、

「イヤと言うのに、語れ語れと仰せだからこそ、シイ婆はお話し申すのです。それを無理強い話とおっしゃる」（〝否と言へど　語れ語れと　詔《の》らせこそ　志斐いは奏《まを》せ

強ひ語りと言ふ〟)

と返す。

シイ婆さんの素性はまったく不明ですが、唯一の足跡である『万葉集』のこのやり取りから、女帝の幼いころより昔話を語り聞かせていた、語り部婆であることが分かります。

それにしても、シイ婆さんの受け答えは、女帝に対するものとしては、例外的に馴れ馴れしい。

女同士とはいえ相手は天皇です。

それも最近の説では、近江朝廷を率いる異母弟の大友皇子《おおとものみこ》(明治期、弘文《こうぶん》天皇と追号)を死に追いやった壬申の乱の首謀者ともいわれ(倉本一宏『壬申の乱』など)、夫の天武天皇死後は、継子の大津皇子《おおつのみこ》を謀反者として死なせたスーパーウーマン。

二人の歌の前には、柿本人麻呂《かきのもとのひとまろ》がやはり持統天皇のために作った歌があって、そこでは、

〝大君《おほきみ》は神にしませば〟

とうたわれている。

権勢のためには身内を犠牲にし、天皇の神格化を進めた「鉄の女」に、シイ婆さんは「だって話せ話せって言うから！」と返すとは、畏れを知らぬ減らず口です。

けれど減らず口というのは親しさに加え、機知がなければ出てきません。

自分を神と仰ぐよう体制作りをしていた持統は、一面、孤独でもあったでしょう。そんな彼女にとって、シイ婆さんのように、小さいころから話を聞かせてくれていた、機知に富んだ同性の老人は、本音の人間づき合いができる数少ない相手であったに違いありません。

『いじわるばあさん』さながら減らず口をたたいてくれるシイ婆さんのくそばばあぶりは、たえず緊張を強いられる女帝にとって、この上なく癒やされるものだったはずです。

柴田勝家の最期を記録した身分ある老女

語り部婆といえば、戦国時代、主人の最期を目に焼きつけ、敵方に語った身分ある老女が実在しました。

一五八三年、羽柴（豊臣）秀吉に敗れた柴田勝家は、越前の居城で五臓六腑を掻き出し、配下に首を打たせて最期を遂げます。その配下は主人の首を切った刀で腹を切って死去。互いに刺し違えたり自害したりして、城に立てこもった柴田一類八十余人はことごとく相果てました。

ということが秀吉の御伽衆《おとぎしゅう》だった大村由己《おおむらゆうこ》の『柴田合戦記』に記されている。

これについて、歴史家の小和田哲男は、

「大村由己がここまで詳細に描写できるはずはないと考え、大村由己が創作したのではないかと思っていた」(『秀吉の天下統一戦争』)。

ところが小和田氏は一つの文書を読んで、その考えを改めます。

当時、日本に滞在していたポルトガル人宣教師のフロイスが、アレッサンドロ・バリニャーニに宛てた書簡に、こう書かれていたからです。

「柴田は諸人の意見を聞いた上、死するに先だち、談話が巧妙で身分のある老女を選び、この状況を目撃した後に城の門より出てその見たるところを詳しく敵に語らせた」

つまり勝家は、「いかに自分たちが武士らしく死んだかを秀吉側に伝えるべく、最期の場面を目撃した語り部を用意していた」のです(小和田氏前掲書)。

小和田氏の引用した書簡は、一五八四年一月二十日[天正十一年十二月十八日]付のもので、村上直次郎訳・柳谷武夫編輯『イエズス会日本年報』上に収録されています。

同書を当たってみたところ、当時、六十に達していた勝家は、自害の前、武士たちに短い演述をなします。曰く、武士道に従って腹を切ると言い、もしも家来たちが敵のゆるしを受ける道があれば「予は汝等の命の助かることを喜ぶであろう」と語りましたが、皆、妻子と共に死ぬ道を選び、来世まで随従すると答えた。それを聞いた勝家は、臣下の忠義に現世で応えることができないのを申し訳ながって酒宴を開きます。ご馳走をたくさん運ばせて楽器を演奏したり歌ったりして「大いに笑ひ且楽し」む様は戦勝祝いか夜宴のよう。その「歓喜の歌声」に、外にいる敵たちは驚いたのでした(『イエズス会日本年報』上)。

けれどその後、城内の兵たちはまず妻子を殺したので、歌声とは打ってかわって悲しい叫び声が、激しい火災の轟音よりも音高く響いた、と。

こうしたことが記録されているのは、勝家が「談話が巧妙で身分のある老女」を選び、最期の様子を見せて敵に語らせたからです。

フロイスの書簡によれば、

「羽柴その他の敵に城内に起ったことを完全に知らせるため」（前掲書）なのでした。

戦記物などに、滅びた人たちの会話がまるで見てきたように描かれているのがかねがね疑問だったのですが、彼らはこの老女のような語り部を用意していたのか、と目から鱗でした。

それは当時の日本人にとっては当たり前のことで、とくに何かに記されることもなかったのが、たまたま外国人宣教師がいたおかげで、実態が分かったわけです。

それにしても、なぜ老女なのか？

と考えるに、まず女は殺さぬならいというのがあったからでしょう。

しかし女であっても若ければ、敵にレイプされる危険性が高い。平安中期の『将門記《しょうもんき》』には、平将門《たいらのまさかど》が敵方の武将の妻妾をレイプせぬよう命じたものの、時すでに遅し、彼女らは兵たちに〝悉《ことごと》く虜領《りょりゃう》せられたり〟（すべて犯されていた）という惨状が記されているし、鎌倉初期の『水鏡《みずかがみ》』は、奈良時代の藤原仲麻呂の娘が、父の討ち取られた日、敵方の兵千人に犯されたと伝えています。第二次大戦中は老女であっても強姦されたという話も聞くので、レイプの危険性がないわけではありませんが、若い女と比べれば低いでしょう。

プラス、老女というのが、昔から「語り部」を期待される存在だったからではないでしょうか。

『万葉集』の昔から、志斐嫗のように、語りは老女の仕事でした。

戦国時代は文字も普及していたし、「身分のある老女」であれば読み書きもできたはずですから、ルポライターよろしく見たこと聞いたことを筆にしたためていたかもしれません。自害する勝家たちも、彼女が最期を記録して敵に伝えると思うと、立派な最期を遂げようと意識したことでしょう。

語り部にして記録婆、いわば「ルポライターばばあ」の存在が、歴史を作り、文学を成り立たせていた、とも言えるわけです。

柴田の最期を語る者として、琵琶法師よろしく、あちこちで話を期待される人気者でさえあったかもしれません。

おまけ　アメリカ人が最も尊敬する女性もくそばばあだった

人気者と言えば、ルース・ベイダー・ギンズバーグ（一九三三〜二〇二〇）が亡くなりました。ＲＢＧと愛称される彼女は、大統領に指名されてアメリカの最高裁判事となり、差別的な多数意見には「私は反対」と表明、女性や社会的弱者の権利拡大に貢献してきました。そうした差別との闘いの歴史を語ることも晩年の彼女の大きな仕事でした。「私が今日ここにいるのは、大勢の男女が努力を重ね、夢を持ち続けた結果」（ドキュメンタリー映画「ＲＢＧ最強の85才」予告編）と語る彼女は、ロースクールや高校・大学での講演会に引っ張りだこ。映画によれば、有名ラッパーをもじって〝Notorious RBG〟（悪名高きＲＢＧ）と呼ばれ、小柄で華奢な老女の見た目からは想像できないパワフルさが、若者の絶大な支持を集めていました。一方、保守派のアンチには〝witch〟（魔女）〝zombie〟（ゾンビ）〝等と呼ばれていた。まさに「くそばばあ」です。最後まで現役で（アメリカの判事は自分でやめない限り現役可能）、差別への「偉大なる反対者」（前掲映画）として弱者に寄り添い、歴史の生き証人としても活躍した彼女は、アメリカの偉大なくそばばあと言えるでしょう。

3　爺婆は最高の「歴史の証人」だ
……お上の歴史は間違っちょる！　と歴史書を編纂したじじいパワー

八十過ぎで『古語拾遺』を編纂した斎部広成

年寄りの昔話というのは貴重なものだと、最近、つくづく感じます。

たとえば明治生まれの亡き祖母が言うには、昔は生理用品がなく、布を当てていたので道に経血の付いた布などが落ちていて、雨の日などはぐちゃぐちゃになっていて汚かった、と。それが一九三八年、夫の仕事でニューヨークに行って、いちばん感動したのはアンネ・ナプキンだった、と、当時中学生だった私に教えてくれました。昔の人は経血を止められたなどと書いていた人もいましたが（三砂ちづる『オニババ化する女たち　女性の身体性を取り戻す』）、それが間違いであることが祖母のことばからはっきり分かります。

このように、体験者や目撃者の話というのは実に貴重なものです。

そんな貴重な生き証人として、正史である『日本書紀』に異を唱えた人物が千二百年以上前にもいました。

八十過ぎに『古語拾遺《こごしゅうい》』（八〇七）を記した斎部広成《いんべのひろなり》です。

斎部広成は古くから宮廷祭祀に携わってきた名門に生まれました。けれど、中国の法制度を導入した律令時代になって、中臣氏《なかとみし》が台頭すると、大きな仕事は中臣氏に任されるようになってしまいました。

そこで斎部氏は訴訟を起こし、それに応じて中臣氏もまた訴えを起こす、という訴訟合戦が両氏のあいだで展開します。そんな中、『日本書紀』や律令といった文書によって、建前的には斎部氏の役割が半ばは認められたころ、広成が平城《へいぜい》天皇に撰上したのが『古語拾遺』です。

『古語拾遺』とは読んで字の如く、古い話の中で遺《も》れたものを拾う、の意。

広成は同書の序文に書いています。以下、訳すと、

「私が聞くところによれば、上古の世にまだ文字を知らなかった時は、貴賤老若、口々に出来事を相伝え、昔の人の言行を決して忘れることはなかったという。それが文字の時代になってからというもの、昔を語ることを好まず、派手で浮ついた傾向が強まっ

て、しかも老人（〝旧老《くらう》〟）を嗤《わら》うようになった。あげく人はいよいよ新しくなって、事は変わり改まっていく。昔からの慣例を尋ねると、その根源を知ることがない。朝廷が編纂した国史や、家々の伝記にはその由を載せてはいるものの、一、二、詳しい情報がなお漏れている。この私めが申し上げねば、おそらく伝えられずに終わってしまうだろう。幸いミカドのお尋ねを受けたので、たまりにたまった憤り（〝蓄憤《ちくふん》〟）を述べたい。そこで古くからの説を記し、あえて上聞に入れることにした」

広成には、『日本書紀』には遺漏がある、書かれていないことがある！という鬱憤があったのです。

そこで、天皇からお尋ねがあった（〝召問《せうもん》を蒙《かがふ》り〟）のをいいことに、斎部氏がいかに太古の昔から宮廷の重要祭祀に関わってきたかを強調しつつ、国史に〝遺《も》りたる〟項目を十一も挙げ連ねる。序では一、二と言いつつ、こんなにも多く天皇の命によって編纂された正史（『日本書紀』）に遺漏があることを指摘したのですから、ある意味、不遜な行為です。

そんな行為を彼がゆるされたのは、一つにはその高齢さゆえでしょう。

〝跋《ばつ》〟（あとがき）によれば、この書を撰上した際、広成は〝既に八十《やそぢ》を踰《こ》え〟ていました。

そんな高齢で、天皇のご覧に入れるレベルの書物を完成させるというのは超高齢社会の現代作家であっても、よほど頭のしっかりした人でなければ成し遂げられない力技です。

まして今よりずっと早死にだった平安初期……とはいえ実は死亡率の高い乳幼児期を過ぎた人の平均寿命は日本でも西洋でも一貫して六十歳程度と言われる……抗生物質も予防接種もない昔に、八十歳以上になって広成が『古語拾遺』を記したのは、

「もしも自分が今死んだらこの恨みを黄泉の地下世界まで持っていくことになってしまう」（〝忽然《たちまち》に遷化《みまか》りなば、恨《うらみ》を地下《したつくに》に含まむ〟）

という一心から。

〝恨〟とは、神代の故実が廃れてしまうという恨み、具体的には斎部氏の歴史が正しく伝えられてないという恨みです。

古い歴史を知るのは今や自分しかいない。しかも八十過ぎていていつ死ぬか分からない。あとがないからこそ、

「今でしょ！」

となったわけです。

まさにじじいのクソ力。

そのパワーは、衰えゆく斎部氏の復興こそ叶えられなかったものの、千年以上もあとに生きる我々に、斎部氏の輝かしい歴史を伝えることを果たしました。

広成のじじいパワーによって、斎部氏の栄光は永遠に歴史に刻まれることになったのです。

歴史物語はなぜ老人による語り形式なのか

広成の主張で興味深いのは、歴史が文章に書かれるようになって、かえって昔のことが忘れられている、という言い分です。

文字があることで、むしろ昔の人の言行を伝えようという意欲が低下して、結果的に正しい歴史が伝わっていない。広成にとって「古老の語りへの信頼感」は、時に改《かい》竄《ざん》可能な「文章」に優っているのです（戦争の実態なんかもこれに通じるものがありそう……）。そんな主張とは裏腹に広成が正しい歴史を伝えようとした手段が語りではなく文章という点に、いささかの矛盾を感じますが、彼のような爺が綴れば、文章も「古老の語り」と同等の信頼性を獲得する。文にすることで広く永続的に伝えられるというメリットもあります。古老の語り形式は、信頼感と伝達性を兼ね備えているわけで、広成というじじいの綴った文書は、期せずして最強の歴史書となったわけです。

　こうした古老の語りの形式を応用したのが『大鏡』です。

『大鏡』は平安後期に書かれた歴史物語で、語り手は翁二人。百九十歳になる大宅《おおやけの》世次《よつぎ》と百八十歳の夏山重木《なつやまのしげき》です。

「見てきたように」という言い方がありますが、この二人はなにしろべらぼうに長生きな上、記憶力が異常に良いという設定なので、微に入り細に入り、西暦で言えば八五〇年から一〇二五年に至る歴史のエピソードを語る語る。

　語り形式ゆえに勢いがつくのか、ちょっとこれは……というような発言も多く、藤原道長の妻・明子の兄の源俊賢《としかた》が、

「冷泉《れいぜい》院の狂いよりは、花山《かざん》院の狂いは始末に負えない」（〝冷泉院の狂ひよりは、花山院の狂ひは術《ずち》なきものなれ〟）

　と言うと、道長が、

「ずいぶん不都合なことを言うものだね」(〝いと不便《ふびん》なることをも申さるるかな〟)

と言いながらも大笑いしたなどと語っている。

冷泉院の狂気は人目にも明白で、かえって扱いやすかったけれど、冷泉院の父の花山院は天才肌とでも言うべきタイプで、常軌を逸した性格から、女に入れ込んでポイと捨てたり、馬術や修行に徹底的に凝ってみたり、臣下にとって厄介な存在であったことを、世次は伝えてくれるのです。

また、一条天皇の危篤時、御前に参った藤原隆家《たかいえ》(九七九～一〇四四)に、

「あのことをとうとう実現しないで終わってしまった」

と仰せになる天皇に、隆家は、

「まったくなんて人でなしだ、と申し上げたいくらいだったよ」(〝「あはれの人非人《にんぴにん》や」とこそ申さまほしくこそありしか〟)

と、のちに人に話した、とも暴露している。

一条天皇が第一皇子の敦康《あつやす》親王を東宮《とうぐう》にしたい、立太子《りったいし》させたいと思いながらも、できなかった。敦康の母の定子も、後見者たる祖父の道隆《みちたか》も死んでしまい、道長の天下になっていたからです。それでもいくら何でも……と待っていた敦康の立太子は実

現しなかった。亡き定子の弟の隆家はそれが悔しくて、一条天皇を「人でなし」と責めたい気持ちになった、というのです。

まぁこんなことを言う隆家もくそじじいと言えなくもないでしょう。

けれど、隆家は一本芯の通った男として人気者でした。

没落しながらも誇り高く生き、赴任先の大宰府《だざいふ》では大陸からの襲撃を撃退するなど(刀伊《とい》の入寇。一〇一九)、貴族ながらも武力があって、「天下の性悪」(〝世の中のさがな者〟。『大鏡』)と呼ばれていた。要するにヤンキーだったんです。貴族のヤンキーだから人気者だったんでしょう。悪の魅力というか、くそじじいの魅力とも通じます。

もっとも、先の発言は、実際に隆家が言ったかどうかというよりは、世間の人の思いを、隆家を使って代弁させたものと言えるのかもしれない。

同じように藤原道長の栄華を中心に描いた歴史物語としては、平安中期、道長と同時代の赤染衛門《あかぞめえもん》の手になる『栄花物語』があるんですが、『大鏡』はそれより後《のち》に書かれただけに、リアルタイムでは権力者に憚って筆にできなかった話題や世間の思いを伝えることが可能になったわけです。

しかも翁が見聞したことを「語る」という設定だから、歴史書に記されていない事実も口伝えで残っていたのだ、という言い訳が成り立ち、かなりデリケートなことも暴露できるという仕組みです。

「高齢者の昔語り」という設定によって「歴史の真実」を暴露できるという『大鏡』の方法は歴史著述家の心をつかんだのでしょう。

その後書かれた『今鏡《いまかがみ》』『水鏡』『増鏡《ますかがみ》』にも踏襲されます。

平安末期の『今鏡』の語り手は、『大鏡』の語り手の大宅世次の孫娘という設定の百五十歳を超える老女あやめ、鎌倉初期の『水鏡』は七十三歳の老尼、南北朝時代の『増鏡』は百歳をはるかに超えた老尼……「四鏡《しきょう》」と呼ばれる歴史物語のすべてに老人が関わっています。

歴史って昔の話でしょ？　それならみーんな爺さん婆さんに語らせちまえ！　という安易さもそこにはある気がしますが、もともと爺さん婆さんが昔の思い出話を含む「昔話」の語り部であり、かつ、文字には書けない真実を伝えてくれるという観念があるから、こういう形が採用されたと私は考えます。

こんなふうに爺婆は、文芸では大活躍、人気者なんですよね。

4　凄まじきは老人の権勢欲

……人はなぜ「晩節を汚す」のか？　成り上がりの豊臣秀吉から大貴族、僧侶まで

天下人の末路　豊臣秀吉

日本史上、いわゆる「晩節を汚したくそじじい」ということでまず思い浮かぶのはこの人、豊臣秀吉（一五三七～一五九八）です。

あらかじめ断っておくと、私、秀吉のことは日本史上でも一、二を争うほど尊敬しております。

なぜって、日本史で曲がりなりにも名のある人は、平将門にしても桓武天皇の五世だし、海賊イメージの強い藤原純友《ふじわらのすみとも》も関白忠平のいとこの子で、五位の貴族階級です。

正真正銘のぽっと出の成功者は秀吉くらいなもの。

父とされる木下弥右衛門も母の再婚相手であるらしく、実父は不明、「確実に乞食生活を経験している」（服部英雄『河原ノ者・非人・秀吉』）というのですから、驚き

です。

下剋上の世に生まれ、革新的な織田信長に見いだされたという幸運があったとはいえ、そんな最下の身分から天下統一の夢を手につかんだだけでも、数百年に一度の天才と仰いでいるのです。

でも。

この人ほど「晩節を汚した」と言われる英雄もいないでしょう。

最たるものが「朝鮮出兵」です。

一五九二年に始まる朝鮮半島への出兵（文禄の役。〜一五九三）は当時の国内でも疑問視され、多くの死傷者を出し、半島には悪評を残しただけの愚行とされます。

秀吉ほどの天才がなぜそんな愚行を犯したのか？

理由については諸説ありますが、秀吉自身の弁としては、「明を征服して東アジアに君臨する構想を公然と言いふらして」（北島万次『秀吉の朝鮮侵略と民衆』）おり、明《みん》（中国）征服の足がかりとしてまずは朝鮮を攻めよう、と考えたようです。当時は西洋でも大航海時代に当たっており、来日していたキリスト教宣教師と接していた秀吉は、自分もその波に乗ろうとしたのでしょう。朝鮮出兵は大陸攻略の第一歩というわけです。

それとは別に、出兵の直接の引き金として巷間《こうかん》言われていることは「耄碌《もうろく》」、つまり秀吉が老いて判断力が衰えたから、こんな暴挙に出たという説です。

といっても当時、秀吉は五十六歳（本書の年齢表記は基本的に数え年）。ぼけるというほどの年齢ではありません。

しかも北島氏によれば、領地加増を望む家臣たちに秀吉が明を手に入れると豪語したのは、関白就任の一五八五年のことといいますから、まだ四十九歳です。

しかしその五年後の一五九〇年、五十四歳の折、秀吉の全国統一を祝うため来日した朝鮮通信使を、秀吉は「服属使節と思いこんでいた」。

そして自分は「日輪《にちりん》の子」（太陽の子）で、今後は明を征服するので朝鮮国王はその先導に立てといった書翰《しょかん》を、朝鮮国王に託していた……（北島氏前掲書）。

朝鮮通信使を「服属使節と思いこんでいた」のが耄碌からくるのか、確信犯的なものなのかは、よく分かりません。太陽の子というのは、明らかに確信犯的なものでしょう。自分で自分を大きく見せて、伝説化しようとしているわけです。

いずれにしても秀吉の壮大な計画は、当時の日本人に衝撃を与えたようで、ポルト

ガル人宣教師フロイスの記した『日本史』によれば、秀吉の「シナの征服事業」の話題は、

「日本中を未曽有の不思議な驚きで掩《おお》い、人々の判断を狂わせ、考えを一点に集中させ、まるで何かにとりつかれたかのように口にせずにはおれないことであった」（『フロイス　日本史』2　第三部四十六章）

といいます。

秀吉の思いつきによって、人々の中に一種、ナショナリズム的な高揚感がもたらされていたのです。

そして、フロイスの伝えるところによれば、「老関白」である秀吉は、天正二十（一五九二）年五月十八日、朝鮮での日本軍の戦果を知ると、甥の関白秀次に、

「日本の国王（後陽成天皇）をシナの都、北京へ移すことにする」

「汝をシナの関白に任命する」

などという「多大の妄想と空中の楼閣」のような書状を送っていました（『フロイス日本史』2　第三部四十九章）。

が、戦況は次第に硬直化、和平も決裂し、一五九七年、二度目の出兵が行われるも

のの（慶長の役。〜一五九八）、秀吉の死により日本軍は撤退。

結果は、中国征服はもとより、朝鮮半島征服にも至らぬハンパなもので、ゆえに後世の悪評となったのでした。

いつまでも権力を独占したい！　道長の子どもたち

秀吉の晩節を汚すことになった朝鮮出兵の根っこにあるのは「肥大化した権勢欲」です。

もとより権勢欲の強い人だからこそ天下統一という偉業を成し遂げたわけですが、加齢による判断力の低下や思い込みが手伝って、年と共に「もっともっと」となる。

こうした傾向は秀吉のような成り上がり者だけに見られるわけではありません。

生まれながらにリッチで高貴な者でも、手にした権勢を放しがたく、権勢欲が衰えないことは、平安中期の大貴族を見ても分かります。

藤原道長（九六六〜一〇二七）は、娘の威子が皇后（中宮）に立つことによって、彰子、妍子、威子という娘三人が三后《さんこう》……太皇太后《たいこうたいごう》・皇太后・皇后（中宮）……を独占することになった日、

〝此世をば我世とぞ思ふもち月のかけたる事もなしと思へば〟（『続古事談』巻第一二十五）

と詠んだことで有名です。

娘を天皇家に入内《じゅだい》させ、生まれた皇子の後見役として一族が繁栄していた当時、娘たちのおかげで絶大な権勢を手にした道長でしたが、その息子たちも同じように権勢を手にし、かつ高齢になってますます権力への欲望をたぎらせていました。

しかも権勢は、兄弟姉妹で独占しているから、権力闘争はおのずと身内で展開されることになります。

たとえば頼通《よりみち》（九九二～一〇七四）と同腹の弟・教通《のりみち》（九九六～一〇七五）は、八十歳近くの高齢で権力を取り合っているんですよ。

それというのも二人がいつまで経っても元気で長生きだったということが一つありました。

短命と思われがちな昔の人でも、長命の血筋で、汚れ仕事に無縁な貴族だったりすると、驚くほど元気で長生きな人が多くいたんです。

頼通は二十八歳の若さで関白になると、以後、五十年近く、七十六歳までこの職を手放しませんでした（頼通が死ぬのは八十三歳）。

弟の教通が関白職につけたのは、頼通が引退した翌年、七十三歳になってからなのですから、超高齢社会の現代日本顔負けです。

以後、教通は八十歳で死ぬまで、現役関白でした。

と書くと、八十まで現役関白でいられるの⁉　と疑問に思った人もいるかもしれませんが、いられるのです。

当時の官僚の定年は七十歳。正確に言えば、七十になれば辞職を申し出ることができました（「選叙令《せんじょりょう》」）。

もちろん七十未満でも健康が悪化すれば退職を申し出ることはできます。

一方で、七十を過ぎても仕事を続けることはできたのです。

頼通・教通兄弟が七十をゆうに過ぎても権力にしがみついていたのはこのためです。

生まれが良くても、現役の座を降りたくない、権勢を保ち続けたい……という気持ちに変わりはなく、年を取れば権勢欲が衰えるというものでもなかったのです。

それは現代日本の政治家を見ても分かることで、加齢によって権勢欲が増しこそすれ、衰えはしない。

政治家というのは元来が権勢欲の化物みたいなもので、年と共に枯れてしまうようではやっていけない、というのもあるでしょう。

それでも手腕家であればいいですが、頼通はそのエピソードを見る限り、とても名君とは思えない。

これは、小松茂美による『能恵《のうえ》法師絵詞《えことば》・福富草紙《ふくとみそうし》・百鬼夜行《ひゃっきやぎょう》絵巻』解説で知ったのですが、平安中期の藤原資房《すけふさ》の日記『春記《しゅんき》』長暦四（一〇四〇）年六月十五日条には「驚くべき記事が残っている」。関白藤原頼通邸で藤原義忠が氷を振る舞われた際、大きなおならをした。そのことについて頼通は、

「義忠の放屁《ほうひ》の件はそなたも同席していたので聞いておろう。世間の大きな噂になっている。義忠を配流に処すべきではないか。そなたはどう思う」

と資房に意見を求めたのです。資房は、

「放屁で配流など聞いたことがない」

と反対した。

江戸時代には、おならをした姫君の身代わりとなる「屁負比丘尼《へおいびくに》」という存在が知

られており（といっても専業でその仕事をしているわけではなく、腰元が適当に分担していたらしい……下山山下《しもやまやました》『江戸は川柳　京は軽口』）、また、江戸初期の笑い話集『きのふはけふの物語』には、男色相手と寝ている時、おならをした若衆が〝腹を切りてもあかねども〟と言った話などがあり、おならには長いこと恥の意識があったことは否めません。

だとしても資房は「放屁で流罪など聞いたことがない」と反対しているわけで、そんなことを大真面目に検討した頼通というのは、国のトップに立つ者としてどうなのか。

そういう男が五十年以上も関白に居座っていたのだから、弟の教通ならずとも、うんざりするに違いありません。

老いても絶大な「国母」彰子の権勢

しかし、くそ爺婆的に凄いのはこの二人の兄弟じゃないんですね。その姉の彰子（九八八～一〇七四）なんです。一条天皇に入内して後一条・後朱雀《ごすざく》両天皇を生み、国母として、父道長や弟たちの権勢をもたらした彼女は、八十七歳で死ぬまで現役の政治

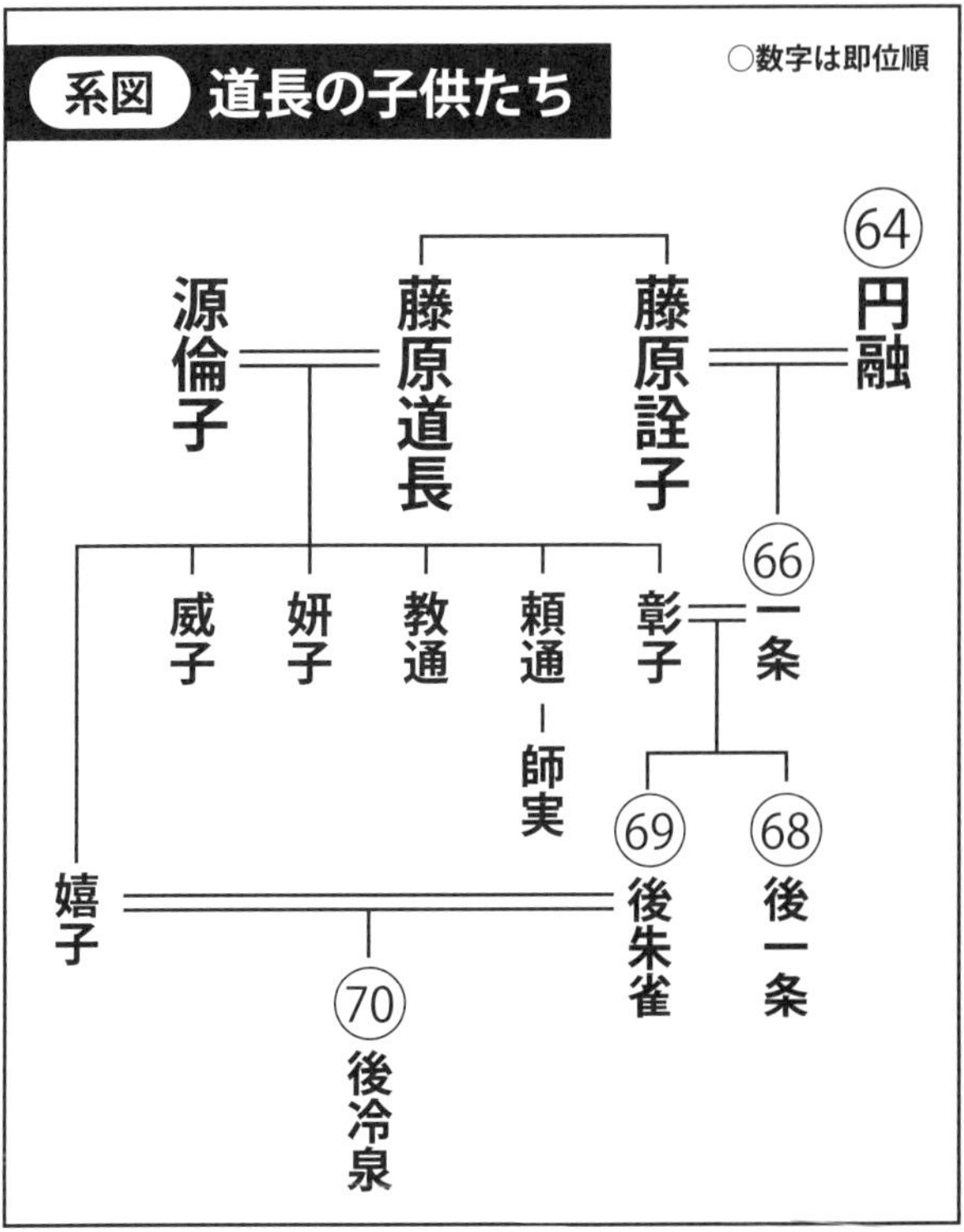
系図　道長の子供たち
○数字は即位順
64 円融
藤原詮子
藤原道長
源倫子
66 一条
彰子
頼通
教通
妍子
威子
師実
69 後朱雀
68 後一条
嬉子
70 後冷泉

家として、一族はもちろん、国のトップに君臨していました。

先に、頼通は七十六歳になるまで弟の教通に関白職を譲らなかったと書きましたが、実はこの譲渡も、すんなりとはいかなかったんです。

頼通は弟ではなく、子の師実《もろざね》に関白を譲りたがっていたから、です。

それを弟に譲らせたのが、二人の姉の彰子です。

頼通の意向を聞いた彰子は、すでに寝所に入っていたにもかかわらず、すぐに起きだして、硯《すずり》と紙を取り寄せ、手紙を書いて内裏《だいり》（後冷泉天皇）に進上した。そこには、「関白（頼通）が申されることがございましても承引なさってはいけません。故禅門（道長）が確かに申し置かれた旨がございます」

とあった。この彰子の鶴の一声で、次期関白職は頼通の子ではなく、弟の教通に譲られたのです（『古事談』巻第二・六十一）。

時のミカドや関白を意のままに動かす彰子の権勢がいかに大きかったか。

国のトップは関白頼通でも天皇でもなく、彰子だったのです。

彼女こそ、「くそばばあ」と呼ぶにふさわしい実力者なんです。

ちなみに後冷泉天皇は彰子の生んだ後朱雀天皇の子で、彰子の孫に当たります（後冷泉には妹・嬉子の子でもあるので、彰子の甥にも当たる）。

後一条、後朱雀の両天皇の母であった彰子は、孫の代まで影響力を及ぼしていたわけで《系図》、彼女が死んだ時、弟の教通が、

「これからはどなたにご相談すればいいのだろう。何事も女院《にょういん》（彰子）のもとに参上してお話ししようと思っていたのに」

と嘆いたのも無理はありません（『栄花物語』巻第三十九）。

この時、教通七十九歳。彰子の享年は八十七でした。

八十近い関白が、九十近い姉の女院に相談しながら国を動かしていたのですから、驚きですよね。

人を殺しても地位が欲しい生臭老坊主

それにしても凄まじきは老人の権勢欲。

これが宗教の世界……仏教界となると、少しは悟りというのもあって、欲の度合いも減ってくるのではないか。

宗教界の実態は、そんな期待を見事に裏切ってくれます。

日本の仏教ははなから国家宗教として成立しました。

つまり政治と切っても切れないわけで、大貴族や皇族のワケありの子が出家することが多く、妻帯も珍しくない。そういう基盤があるせいか、これまた老いても悟るどころか、ますます権勢欲を燃やし、権力を得るためには犯罪めいたことも厭わぬという向きがあったことが、平安末期の説話集『今昔物語集』からはうかがえます。

その巻第二十八第十八の説話によると、長いこと吉野の金峰山《みたけ》（金峯山寺《きんぷせんじ》）の別当（長官）をつとめていた老僧がいました。

昔は修行の回数の多い者が別当に起用されていたんですが、長いあいだ修行数トップの老僧が別当でいたために、修行数ナンバーツーの僧が、

「あの別当、早く死ねばいい。私が別当になるのに」（〝此の別当早う死ねかし。我れ別当に成らむ〟）

と深く願っていた。

と、この時点で、何のための修行であったのか……寺の長官の座を得たいがため、現長官が〝早う死ねかし〟と〝懃《ねむごろ》に〟（深く）願うとは……と驚くのですが。

どっこい、老別当は〝強《つ》よ強《つ》よとして〟いっこうに死ぬ気配がない。

そこで思い悩んだナンバーツーは考えます。

「この別当は年は八十を過ぎてはいるが、七十代でもまれなほどぴんぴんしている。私もすでに七十を過ぎた。もしや私のほうが別当にもなれずに先に死んでしまうかもしれない。あの別当を打ち殺させたいところだが、それだと噂が立ってしまうだろう。毒を食わせて殺すしかない」

なんと、別当を毒殺しようと思いつくのですから、すでに犯罪者。

宗教者の深い怨念に比べれば、頼通・教通兄弟の小競り合いなど可愛いものです。

もちろん彼も仏を恐れぬわけではありません。

「三宝（仏・法・僧）が何と思し召すか、恐ろしいけれど、仕方がない」

と思いを巡らし、〝和太利《わたり》〟という毒キノコを別当に食べさせることにします。ワタリをヒラタケと偽って調理して、別当に腹一杯食べさせたのです。

「今にヘドをついて頭を痛がって苦しむぞ」

ナンバーツーが今か今かと待っていたものの、別当の様子はいっこうに変わらない。

「おかしい」と、ナンバーツーが不安になりだすと、別当は歯もない口を少しニヤリ

とさせて、

「今まで、この老法師、こんなにうまく調理したワタリは食べたことがござらん」

と言うではありませんか。

なんと別当は、ワタリに耐性のある体質だったのです。

そしてナンバーツーが自分に毒キノコ＝ワタリを食わせて殺そうとしていると知って、何食わぬ顔で平らげたのでした。

ナンバーツーの驚くまいことか。恥ずかしさのあまり、一言も発しないまま奥に引っ込んでしまったので、別当も自室へ戻りました。

このことを山に住んでいた僧が語り伝えた、というのです。

権力者の孤独、老人の孤独

その後、二人がどうなったかは伝えられていないので分かりません。

仏教界の老人がポスト欲しさに年上の老人を殺そうとして失敗したとは、笑うに笑えぬ話です。

権勢を求めて殺人未遂まで犯した七十代の僧もさることながら、そうまでされても権勢を手放さぬ八十過ぎの別当も恐ろしい。ことに毒キノコと知って完食するとは役者が一枚上で、魑魅魍魎《ちみもうりょう》の跋扈《ばっこ》する宗教界で生き残るには、このくらいの図太さがなくてはダメなのかも……と思わされます。知恵と度胸と頑健なカラダを併せ持つ別当には「くそじじい」の称号をあげたいです。

　にしたって、修行を積んだ宗教家……しかもあの世に片足突っ込んだようないい年をして、なぜ……と思うものの、彼らといい、頼通・教通兄弟といい、見苦しいほど権勢にこだわったのは、むしろその老齢ゆえ、という気もします。

　顔や肌も美しく、将来への夢や希望がある若者なら、目の前の権力にしがみついて離れぬということもないでしょう。

　ところが見た目の美しさや瞬発力、感性といった若さの価値をなくした老いの果て、人が自分を尊重してくれるシンプルで確実な要素は、地位や権力です。若いころ、ちやほやされた者ほど、年老いて、それを失うことは苦痛でしょう。単純に、子孫に美田を残したいという欲がプラスされるというのもあるでしょうが、それも自分が望み薄になっているから、子孫に思いが移るのです。

漫画の『いじわるばあさん』は時に自分の「こどく」を嘆いたもので（⇩はじめに）、

煎じ詰めれば「老い」は孤独なのです。

しかも権力者はもともと孤独な存在です。

もちろん、物理的には人に囲まれている。

けれどその多くは、権力に付随してくるもので、自身の容姿や性格に惹かれて人が集まっていたとしても、それは若かりし遠い日のことである場合が多い。

豊臣秀吉が晩年おかしくなっていったのも、権力者の孤独に老人の孤独がプラスされてのことではないか。

天才的な資質と「人たらし」と言われる性格で出世街道を驀進《ばくしん》してきた秀吉は、功成り名を遂げると、身分的なコンプレックスを埋めるかのように、織田氏、京極氏、山名氏、足利氏、蒲生氏といった名門の令嬢たちを妻にします。

にもかかわらず、彼の子を生んだのは織田信長の姪の淀殿ひとり。

しかも淀殿が生んだ鶴松《つるまつ》（三歳で死去）を、秀吉の「子であると信じる者はいなかった」（『フロイス　日本史』5　第二部百二十章）し、秀頼に関しては、秀吉が淀殿に男をあてがって生ませた子であるとの説もあります（服部英雄『河原ノ者・非人・秀吉』）。

何十人というお手つきの中で秀吉の子を生んだのは淀殿だけであることからしても、早世した鶴松や秀頼は秀吉の血を引いてはいない、と考える研究者は少なくない。

そんな秀吉は、早くから養子縁組をして勢力を広げていたものの、養子となって関白職を譲られた甥の秀次はのちに秀吉の命令で自害させられるし、やはり養子となった小早川秀秋は、秀吉死後、豊臣方を裏切ったことで有名です。

老いの果て、朝鮮出兵という愚行を犯した秀吉は、権力者の孤独と老人の孤独を同時に映し出してくれるのです。

5　八十一で政界デビュー!!　百歳過ぎても政界に君臨

……前近代にも実在した超老人

百歳過ぎまで政界に君臨した天台宗僧　天海

高齢になっても権勢欲が衰えぬ宗教家といえば、江戸時代の天海和尚（一五三六～一六四三）の右に出る者はいません。

なにしろこの人、政界デビューが八十一歳。

びっくりでしょう？

私も初めて知った時、驚きました。

江戸時代の成人の平均寿命が意外と高いのは知ってはいました。前近代の平均寿命が低いのは乳幼児の死亡率の異常な高さのためで、二十歳過ぎまで生き延びた人の平均寿命は六十近く、六十過ぎまで生き延びた人となると男女とも七十五歳近くであることも、『昔話はなぜ、お爺さんとお婆さんが主役なのか』で書きました。

けれど天海は、当時の平均寿命をはるかに超えた八十一歳で政治の表舞台に躍り出ただけでなく、百八歳で死ぬまでほぼ現役で、幕府に絶大な影響力を及ぼしたのですから、元気なお年寄りが数多く活躍している超高齢社会の現代日本にあってもまれなことです。

抗生物質も予防接種もない前近代に、百八歳まで生き延びたということだけでも凄くないですか？　実は鎌倉時代にも、百七歳まで生きた北山准后《きたやまのじゅごう》（一一九六〜一三〇二）と呼ばれる婆がいて、この方もまたなかなか凄い人なのですが、彼女についてはあとで詳しく触れるとして……。

天海が一躍有名になったのは、江戸幕府を開いた徳川家康（一五四二〜一六一六）死後、家康の信任厚かった臨済宗僧・金地院崇伝《こんちいんすうでん》（一五六九〜一六三三）と論争が起きたのがきっかけです。

亡き家康の呼び名（神号）を明神とすべきか権現とすべきかという論争があって、秀忠の決定で権現号に決まったのですが、

「その決定の背景には、天海の強い主張があった」（菅原信海「山王一実神道と天海」……圭室文雄編『政界の導者　天海・崇伝』所収）

というのです。

「黒衣《こくい》の宰相」の異名を取り、権力をほしいままにしていた崇伝は、この論争での敗北を境に影響力を失い、代わりに天海が政界に躍り出るのです。


この時、崇伝が四十八歳だったのに対し、天海は八十一歳。

まさか八十を超す年寄りが、以後、百八歳で死ぬまで二十七年間も宗教界はもちろん、政界にも食い込み続けるとは誰が想像できたでしょう。

家康を「東照大権現」と呼ぶことで指導力を発揮した天海は、九十歳の折には上野に寛永寺を開山、九十六歳で二代将軍秀忠の病気平癒祈禱を担当、百二歳では寛永寺で活字版大蔵経の開版を企画、百七歳でも日光社参法度を制定するなど、死ぬ間際まで精力的に活動しました（圭室氏前掲書年表による）。

まさに超絶長生き爺さん。

長生きなだけでなく、政治的パワーみなぎる「くそじじい」です。

年を取って記憶力などは衰えても、判断力や問題解決能力などは、年を重ね、経験を重ねると共に伸びていくということが知られています。政治力はその最たるもの。

天海はそうした年寄りならではの能力で以て、東照大権現を祖と仰ぐ江戸幕府の方向性を決定した。

加えて、天海がここまで政治的影響力を発揮したのは、その超絶的な高齢も手伝ってのことに違いありません。

片や一五六九年生まれの崇伝は、一五四二年生まれの家康の目には法律知識に富んだ新世代のエースと映っても、二代将軍秀忠（一五七九～一六三二）にとっては十歳年上の小うるさいおやじ、三代将軍家光（一六〇四～一六五一）にとってはちょうど親世代で、家康に可愛がられた崇伝自身がそのことを鼻にかけていたわけではなくても、家光にとってはその意見を尊重せざるを得ない、目の上のたんこぶ的存在だった可能性がある。

一方の天海は秀忠より四十三歳年上でおじいちゃん世代、家光にとっては六十八歳も上でひいおじいちゃん世代です。

ここまで年が離れていると、相手が天海ほどの人物でなくても、素直に耳を傾けようという気になる。

高校野球の監督なども、球児と年が近いとぶつかり合うけれど、おじいちゃん世代だとうまくいくと聞きます。

親子関係はダメでも、孫と祖父母はうまくいくようなものです。


天海はまた、「紫衣《しえ》事件」でも存在感を発揮します。

「紫衣事件」とは、一六二七年、後水尾《ごみずのお》天皇が臨済宗僧・沢庵禅師《たくあんぜんじ》（一五七三〜一六四五）らに、僧の中でも最高位の紫の衣をゆるそうとした事件です。それの何が問題なのかというと、それ以前に、「禁中並公家諸法度《きんちゅうならびにくげしょはっと》」というのが制定され、幕府による朝廷への干渉が強まっていました。僧侶に紫衣をみだりに与えることに難を示した項目もあった。それで、この法律の起草者でもある崇伝は、二代将軍秀忠と共に、厳しい処罰を推進しようとしていた。天海はこれに対して、寛大な措置をするよう動いていたのです。

しかし、沢庵の流罪《るざい》を止めようとしていた天海の根回しも空しく、結局、沢庵らは流罪になり、怒った後水尾天皇は幕府に相談なく退位してしまいます。

沢庵の流罪は二代将軍秀忠死後、解かれたことからしても、三代将軍家光周辺の人たちはこの事件に同情的であったといいます（船岡誠「紫衣勅許事件」……圭室氏編前掲書所収）。

沢庵の流罪を止めようとした天海は、若い家光周辺の人々と似た意見を持っていたわけで、天海の感覚が次世代を先取りするものであったことが分かります。

鎌倉時代に実在した百七歳　北山准后

江戸時代には百八歳まで生きた天海のような超弩《ど》級の宗教家にして政治家の長寿爺がいたわけですが、江戸時代ならしかし、祖父母以前の代を遡《さかのぼ》れば割合すぐに辿り着きます。つい最近も数え年でいえば百七歳まで活躍した日野原重明先生のような「怪人」もいらっしゃいましたし、まぁ江戸時代にだっているよね……という気もしないではありません。

が、これが八百年も昔、鎌倉時代となると話は違う。

かなり遠い時代という感じがします。

そしてそんな大昔にも、数えで百七歳まで生きたクソ長生きなお婆さんがいました。

彼女の名は藤原貞子。

女の名が記録に残ることが珍しい当時にあって実名が分かるのは、彼女が非常に高貴な身分であったからです。

三世紀を股に掛けた貞子婆さんこそは、南北朝分裂のもとになった後深草院（一二四三～一三〇四）・亀山院（一二四九～一三〇五）両兄弟の母方祖母。

北山に屋敷を構えたことから「北山准后」と呼ばれていました。

准后とは准三后の略で、太皇太后・皇太后・皇后の三后に準じた待遇を与えられた人の称号です。貞子は太政大臣の妻という臣下の身分ながら、皇后並みの扱いを受ける超絶VIPだったわけです。

彼女が世間からいかに尊重されていたかを物語るエピソードとして、国家規模で盛大に催された九十歳のお誕生会があります。中国伝来の習慣として、当時は四十過ぎになると、十年ごとに誕生祝いをしていました。誕生祝いは、子どもメインの今と違って、昔は大人や老人のものだったのです。

で、その貞子婆さんの「九十の賀」（九十の誕生祝い）が歴史物語の『増鏡』（一三三八～一三五八ころ）や二条（一二五八～？）という女房の日記の『とはずがたり』（一三一三以前）に伝えられているのですが、これがとにかくゴージャス！

なにしろ貞子は、後深草院と亀山院の母方祖母である上、政界トップの太政大臣実《さね》

氏《うじ》の北《きた》の方《かた》でもあり、

「天下のセレブは皆、彼女の関係者でない人はない」（〝天《あめ》の下《した》みなこのにほひならぬ人はなし〟）

というほど（『増鏡』第十「老の波」）。《系図》

そのため祝いの日程は一二八五年二月末から三月二日までの三日かけての大規模なもの。

孫の後深草院と亀山院、曽孫の後宇多天皇（亀山院皇子）と東宮（のちの伏見天皇。後深草皇子）、娘の大宮院（一二二五～一二九二。後嵯峨院中宮姞子）と東二条院（一二三二～一三〇四。後深草院中宮公子）はじめ、超弩級のＶＩＰが数知れず臨席。一流ミュージシャンの音楽が演奏され、一流講師が経文を唱え、歌会、蹴鞠、船遊びと、リアル極楽浄土のような善美が尽くされました。

それもこれも貞子の関係者が度外れたセレブであるのに加え、本人が九十という高齢であったためですが、まさかこの時、彼女がさらに生き延びて、百の賀を行うことになろうとは、その場にいた誰が想像し得たでしょう。

貞子は、九十の賀の際、音頭を取った娘の大宮院が崩御したあとも、十年生き長らえています。

もちろん彼女は高貴な身分であり、栄養状態や衛生状態が当時としてはずば抜けて優れていたからこその奇跡でしょう。


とはいえ実は、彼女よりさらに数百年昔にも百歳を超す長生きが実在しました。

中国の『三国志』（三世紀）の「魏志」の中の倭人伝、いわゆる『魏志倭人伝』には、

〝（倭人は）寿考《ながいき》、或は百年、或は八・九十年〟

とあり、三世紀ころの倭人（日本人）が長生きで、中には百歳まで生きる者もいたと記されている。

千八百年くらいの超大昔にも百歳なんてご長寿がいたのです。

それを反映するかのように、古代の民法に当たる「令《りょう》」には百歳以上の老人に関する給付の規定もあります。百歳の者には五人の介護者を与えよといい、ただし、まずは子や孫を当て、子や孫がいなければ近親者、近親者もなければ〝白丁《びゃくちゃう》〟（課役を負担する無位の成年男子）を取れ、とある（「戸令」）。

今でいう介護保険とか成年後見制度的な感じでしょうか。

日本思想大系『律令』の補注によると、これは中国の『礼記《らいき》』などに見える儒教の理念に基づいているといいます。が、日本思想体系が紹介する『礼記』には八十歳と九十歳の記事しかない。日本の令のもととなった『唐令』ではどうだか分かりませんが（相当する箇所は散逸しているのでしょうか、分かりません）、日本の令に百歳の規定があるのは、当時の日本に百歳を超える老人がいたからでしょう。もっとも「この規定がどの程度施行されたかということはわからない」（百瀬孝『日本福祉制度史』）といい、時代が下ると共に有名無実化し、前近代の救貧対策はほとんどないと言えるらしいのですけれど……。

歴史書の『続日本紀《しょくにほんぎ》』（七九七）の養老元（七一七）年十一月の記事には、

「天下の老人の八十歳以上の者に位一階を授ける」のに加え、

「百歳以上の者には、絁《あしぎぬ》三疋、綿三屯、布四端、粟二石」

とあって、現実に百歳以上の超長生き爺婆がいたことがうかがえます。

昔の人が短命というのは、繰り返すように、乳幼児期の死亡率の高さによるもので、成人後とか六十くらいまで生き延びれば、けっこう生きていたのです。

にしても、百歳以上まで生きて、しかも上皇・天皇・皇后・東宮・大臣のトップ、すべての人と関係している貞子のようなセレブばばあは、古今東西探しても、やっぱりなかなかいないでしょう。

貞子がどんな容姿でどんな性格であったかなどは残念ながら残されていません。

南北朝分裂の起点にあるということと、超人的な長寿とによって、歴史に存在感を示した姿が貞子というわけです。

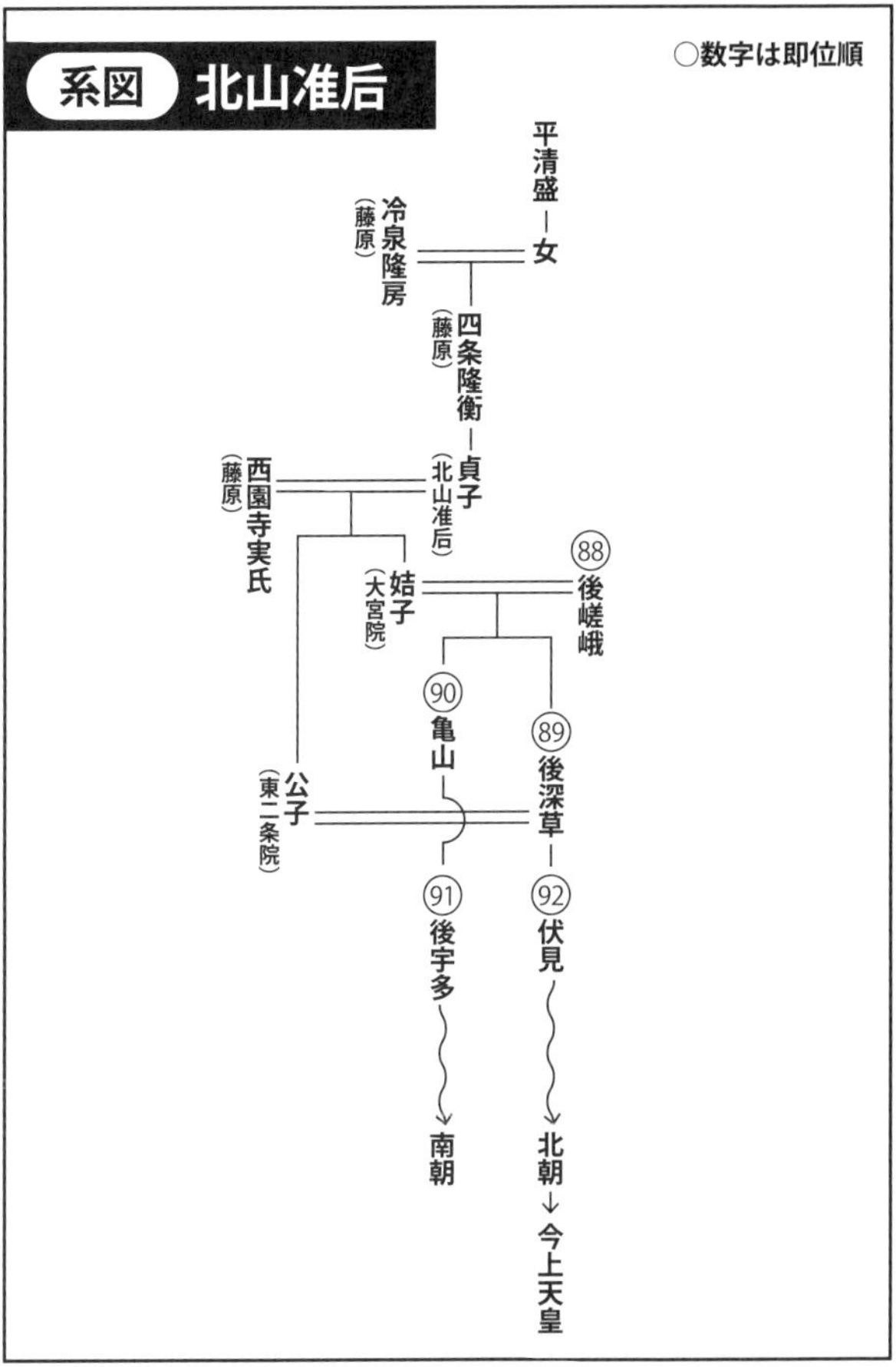
系図　北山准后
○数字は即位順
平清盛
女
冷泉隆房（藤原）
四条隆衡（藤原）
貞子（北山准后）
西園寺実氏（藤原）
姞子（大宮院）
88 後嵯峨
90 亀山
89 後深草
公子（東二条院）
91 後宇多
92 伏見
南朝
北朝
今上天皇

男尊女卑の時代、将軍に重んじられた祖心尼

天海や北山准后と比べると八十歳くらいは、もはや「はなたれ小僧」という気がしてきますが、江戸時代の祖心尼（一五八八〜一六七五）も、スーパーくそばばあでした。

田澤拓也の『大江戸快人怪人録　人物でたどる痛快江戸時代史』によると、祖心尼の父は、秀吉による朝鮮出兵で死亡、祖心尼は加賀国の前田家の養女となり、分家の小松城主・前田長種の長男の直知《なおとも》に嫁いで二人の男子を生むものの、離縁されてしまいます。その後、会津藩・蒲生家の重臣・町野幸和《ゆきかず》と再婚、娘を授かりますが、主家がお取り潰しになって、一家は江戸へ。そこで、義理の叔母に当たる春日局《かすがのつぼね》（一五七九〜一六四三）に取り立てられたことから、運命が好転します。春日局の補佐役として能力を発揮した上、二番目の夫とのあいだに生まれた娘の生んだ娘、つまりは祖心尼の孫娘が三代将軍家光のお手つきとなって、第一子となる千代姫を生むのです。祖心尼は将軍の姫君の曽祖母となり、その地位は重みを増します。ちなみに千代姫の名付け親はかの超絶ご長寿爺の天海といいます。

千代姫の母（祖心尼の娘）は早死にしたものの、千代姫は尾張徳川家の長男である

徳川光友に嫁ぎ、藩主夫人となります。

一六四三年、春日局が六十五歳で没すると、あとを継いだ祖心尼は大奥に君臨、三代将軍家光に重んじられ、彼女のために寺が建立されます。それが新宿牛込にある済松寺で、寺のサイトによると、学識深い祖心尼は、沢庵禅師とも交流があり、身につけた禅の思想で、悩み多き大奥の女性だけでなく、男性の相談にも乗っていたといいます（http://www.saishouji.or.jp）。

現代ですら、政界で活躍する日本女性は少ないですよね。

それが、男尊女卑の江戸時代、婆になっても政界に影響力を及ぼした祖心尼は、春日局のコネがあったからとはいえ、相当な実力派くそばばあと言えます。

6　一休さんはエロじじいだった
……若さを貪る爺婆、婚活詐欺ばばあ、押しかけ婚熟女も

若い相手を求めることが非難されるのは若さの価値が高いから

『万葉集』には、「老いらくの恋」が肯定的にうたわれています。

といっても、自分は白髪頭なのに、若い女に言い寄る男は、

「私と寝ようと思うなら若返りの水を手に入れなさい。白髪が生えてるわよ」（〝我が手本《たもと》　まかむと思はむ　ますらをは　をち水求め　白髪生ひにたり〟）（巻第四・六二七）

とバカにされる。

年相応の相手ではなく、極端に若い相手を求める者は、権力者でもない限り、いつの時代でも笑い者にされがちです。『伊勢物語』で、大きな三人の子のいるお婆さんが業平《なりひら》に同情されて寝るという設定はあるけれど、それも「百歳にあと一歳足りぬほ

どのお婆さん」（〝百年《ももとせ》に一年《ひととせ》たらぬつくも髪〟）と揶揄されているし、『源氏物語』では、五十七、八で十九、二十歳の源氏やその親友の頭中将と寝る源典侍《げんのないしのすけ》はキャリアウーマンという設定ではあるものの、完全な笑われ役です。

　実在の人物で言えば、平安時代の藤原国経大納言（八二八〜九〇八）が八十近い時、二十代の美しい北の方を持っていたものの、北の方にうとまれ、甥でまだ三十代の時平左大臣（八七一〜九〇九）に奪われたという事件がありました。正確に言えば譲渡なのですが、正月三日に首席大臣である時平が、上達部《かんだちめ》や殿上人《てんじょうびと》を引き連れて年始参りに来てくれたことが、国経は嬉しくて、また、時平と御簾《みす》の内の北の方が視線を交わしている上、「特別な引き出物を賜りたい」と時平に言われ、酔いに任せて「自分にとって一番の宝物は北の方です。これを引き出物に」とつい言ってしまった。するとかねがね北の方を狙っていた時平は、すぐさま、彼女の手を引いて車に抱き乗せて去ってしまったのです。翌朝、国経が後悔しても後の祭。「女が持っていた幸運のなせるわざなのだ」（〝女の幸《さいはひ》の為《す》る也《なり》けり〟）と諦めようとしたものの、北の方が自分を老いぼれじじいと思っていた様子であるのもしゃくに障り、悔しく悲しく恋しくて、はた目には自分が進んでしたことのように見せつつ、内心ではことばにできないほど恋しく思っていた、と話は結ばれます（『今昔物語集』巻第二十二第八）。

物語は国経に同情的とはいえ、若くて美しい北の方は老人にはもったいない、国経より身分も高くて若い時平にこそお似合いだと、当の国経爺さんでさえ考えています。

これはなぜかと考えるに、やはり若さの価値が格別だから。

そして、人は分不相応なものを求める人間を嫌いがちです。

権力者が若い美女を求めてもあまり非難されないのは、権力自体に価値があるからで、権力と若さや美貌が等価交換されているため、分相応と見なされるのです（ちなみに国経はこの事件の二、三年後、八十一で死去。時平はその翌年若くして死んでしまいます。時平が左遷した菅原道真による祟《たた》りと言われますが、こんなに強引な性格なら色んな人の恨みを買っていたでしょうね）。

一方、権力も名声もない老人が、若い女や男を求めると分不相応な奴と笑われ、見下される。

加藤茶が満六十八歳で四十五歳年下の二十三歳の女性と結婚しても驚かれはするものの、

「まぁ加藤茶だから」

と大方の人には見なされるでしょう。私の子ども時代、「8時だョ！　全員集合」は驚異的な視聴率のお化け番組で、加藤茶といえば今のどんなイケメンスターもかなわぬカリスマ的な大スターでした。そんな大スターの結婚を一般人がまねようとしても、愚かとしか思われないわけです。

でも。

たとえ権力者や有名人でも、年老いて若い相手を配偶者や愛人にしていると、非難の目を向けられることは、八十近い晩年になって則天武后《そくてんぶこう》が張兄弟というイケメンの二十代の男たちを愛人にして揶揄されたことを見ても分かります。そこには女性差別の感情もありそうですが、若い女を愛人にしているどこかの組織の会長などが「ヒヒじじい」と陰口をたたかれたりすることからしても、基本的に性別を問わぬ現象です。

若さには、時に権力や名声をしのぐ価値があるからで、権力者ということで若い人間と性的に交わる人間は、「カネや権勢にものを言わせ、性を貪っている」という非難と嫉妬の目で見られるのです。

一休さんはエロじじいだった

その伝でいくと、室町時代の臨済宗僧・一休宗純（一三九四〜一四八一）などは、世間的に尊敬される禅僧でありながら、年老いてなお性を貪っていたという意味で、非難や嫉妬を浴びても不思議ではない存在です。

なにしろ一休は七十七歳の時、二十代後半の盲目の森女《しんじょ》と出会い、愛欲に溺れている。年の差約五十歳。政界の権力者であれば、そういうのも珍しくありませんが、一休はお坊さんです。にもかかわらず、性を求め、性を貪る。その様を詩集『狂雲集』等に露骨なまでに書き記している。

日本の仏教界では、稚児と呼ばれる少年を女の代わりに抱くことは、慣習として認められていました。

が、一休は森女と出会う前から、男色はもちろん、女色もたしなんでいると公言していた。

それが森女と出会ってからは、さらに生々しい性をうたうのです。以下、石井恭二の『一休和尚大全』上から、石井氏の訳と共に紹介すると……（文中の（）内の訳は石井氏による）。

〝我が手を喚びて、森《しん》の手と作《な》す〟（お森の手に手を重ねる）と題する詩では、

〝我が手、森の手に何似《かじ》なる、
自ら信ず、公や、風流の主。
病を発すれば治す、玉茎の萌ゆるを、
且《しばら》く喜ぶ、我が会裏《えり》の衆。〟

（儂の手は、お森の美しい手に比べてどうだ、
お森さんこそ、風流の主だと信ずる。
儂が病にかかれば治してくれる、
玉茎が萌え立てば優しく癒してくれる、
こんな女性を、わが家に迎えたことを、ただ喜ぶ。）

〝玉茎〟とは陰茎のこと。
〝玉茎が萌ゆる〟とはそれが立つことです。
ほかにも〝美人の婬水を吸ふ〟〝美人の陰《いん》、水仙花の香《かをり》有り〟と題する詩もあって、性生活が、美しい詩情と共に、かなり赤裸々に綴られています。

八十がらみの老人、それも坊さんが、五十も年下の盲目の女との性に溺れている。ふつうならエロ坊主、エロじじいと眉をひそめられるところです。にもかかわらず、彼を非難がましく書いた文章というのを、少なくとも私は見たことがない。

一つには、一休が才能あふれる人だからでしょう。

さらに彼は、後小松天皇の落胤《らくいん》と言われ、それが定説となっている（石井氏前掲書）。本人もそれを自覚する詩を作っており（同前）、一つには、そうした高貴な身分への尊敬が、非難や嫉妬の気持ちを薄めているのだと考えます。

悲しいもので、賤しい身から功成り名を遂げた秀吉のような人は成金ヒヒじじいとバカにされますが、皇族や貴族の血を引く人はそれだけで「さすが血は争えない」などと仰ぎ見られたりするのです。

加えて、「一休さんならゆるせる」という気持ちにさせるキャラでもあったのかもしれません。

七十過ぎて詐欺まがいの婚活婆

とはいえ、彼が八十近くで二十代の女を愛人にしたことは揺るぎなく、これが六十七十の婆でなかったというのは、やっぱり心身共に若いほうがいいのかな、と私はちょっぴり残念な気持ちにもなるんですよね……。

一休さんが年相応の婆さん相手にセックスにふけっていたら……とも思いますが、それだと単なるスケベな爺婆として笑い話にしかならない可能性もあるから、性と爺婆のつき合い方は難しい。

そんな爺婆の笑い話が御伽草子の『おようの尼』（室町末期〜江戸初期）という話で、この話は都の白河のほとりに住む七十ほどの遁世法師のもとに、老尼が立ち寄るところから始まります。

彼女は「御用のものはありませんか」と言ってものを売るため、〝御用《およう》の尼〟と呼ばれていました。このおようの尼が法師の庵にやって来た際、法師は親切に茶を出してもてなしてやった。するとおようは、ものを用立てるだけでなく、

「高貴な婦人や宮仕えの女房、若い尼さんへの手引きも斡旋している」

と言いだす。それを聞いた法師は心もそぞろになって、

「浮世に住む習いとあれば、神も仏もお許しくださろう。優しいお方と一度逢わせてくださいな、尼御前」

と依頼。およthe尼も、

「さぞや夜もお寂しいでしょう」

「しかるべきお方を探して、腰など気楽に揉ませなさいな」

などともっともらしく語るので、法師はますますその気になってくる。

ところが四、五日しておようが言うには、

「なかなか良いお相手が見つからないのです。これは少しお似合いかと思うお方は、見た目が悪かったり、御目などもただれていたり、年取って御口も少しゆがんでいるような方だったりするのです」

と言いだす。法師はあきれながらも、

「見た目も年齢も問わぬ。私に似合いでさえあれば」

と妥協すると、およの尼は落ちぶれた公家の娘がいるがどうだと言う。

「さてその方の年はいくつです？」

と法師が聞くので、

「逆にお坊様のお年はいくつです？」

とおようの尼。

「私は四十にもまだなりません。万事こうした有様と心労でこんなにくたびれ果てているのです。ぱっと見には五、六十以上に見えるでしょうが」

と、少しとぼけて答えると、おようの尼も、

「たしかにストレスがあるとしぜんと実年齢より少しふけますよね。私も実はまだ三十ちょい過ぎなんですが、こんなふうに休みなく苦労して世渡りしているので、取らないはずの年も取って、老婆のように見えるでしょうけどね。北野の天神も一夜で白髪になられたとか。お坊さんも四十にすらなっていないなら、私とは十歳ほどの違いですね。なら相性も分かりやすい」

などと法師に合わせてとぼけた返答。北野の天神というのは言うまでもなく菅原道真のことで、左遷された大宰府で死んで、その祟りで政敵の一族が死去したとされ、神として祀《まつ》られた人です。そんな人を引き合いに出し「ストレスで年は取るんですよ～」などと、自分の老いをストレスのせいにしている。

こうして五、六十日後、おようの尼はやっと法師に女が見つかったと報告するもの

の、

「今時の人のお気持ちは変わりやすいので、袖を交わしたあとも必ず末まで添い遂げると誓ってくだされば、その女の人を連れて参ります」

と言う。法師が言われた通りにすると、当日、おようの尼が来て、法師に酒をしこたま飲ませて酔わせたあと、入れ替わりに白い着物を頭からかぶった女が登場。翌朝、法師が目覚めてみると、横には、七十歳ほどの、顔は皺だらけ、口には歯が一本もない老婆がいるではありませんか。

「これはいかなる者か」

とよく見ると、おようの尼その人でした。

「あなたに似合いの人はまるでおいでになりません。仰せもさすがに背きがたい。ではどうしようと思って出て来たのです」

「私も年を数えてみれば、あなたと一つと違いはしますまい」

「廊下の隅の柱さえ、馴れれば名残惜しいものよ」

ということで話は締めくくられます。

『およう の尼』はフィクションですが、爺婆の性に関して二つの大事なことを教えてくれます。

まず、どんなに優しい男であっても、性の相手となると、若さを求めてしまうこと。

そして、どんなに優しい男であっても、平凡な七十がらみの老齢であれば似合いの相手は同世代の婆であるということです。

この二人が僧尼であるのもなにげに凄い。

日本の説話には僧尼が当たり前のように妻を求めたり、愛人をもうけていたりするという話も多く、鎌倉時代の『沙石集《しゃせきしゅう》』には、介護目当てで女を求めた七十代の法師が、財産目立てでやって来た三十代（本によっては四十代）の尼に浮気された上、殺されそうになるという、後妻業のような話もある（巻第四の六。本によっては巻第四の十）。

悲しいのは、法師が若い尼とセックスしようとしてもモノが言うことをきかず、そのたびに尼は腹を立て機嫌が悪くなった、あげくの果ては、〝力〟も若い尼のほうが強いため首を絞められ殺されかけたというくだり。

ここからしても、凡人は年相応の相手と結ばれたほうが、本人にとっても心の平和を保てるのではなかろうか、と思う。

とはいえ、色ぼけじじい、エロばばあと罵られながらも、なけなしのカネを取られたり殺されかけたりしながらも、若い相手に一瞬の夢を見させてもらうという生き方も、それはそれでいいのかな、目当てにされる何かがあるだけ良かったね、という気もしないではない。

若さや老いって伝染するような感じがありますからね。

若い人を求める気持ちも分からなくはないんですよ。

不老長寿を目指した古代中国の皇帝などは、まだ体毛も生え揃わぬような少女と接することで若さを保とうとしたわけで……ただ繰り返すように、こういった類《たぐ》いのことを凡人がまねするのはいろいろと危険であるということなのです。

戦国の押しかけ婚熟女　慶誾尼

年相応の老夫婦ということでいうと、戦国大名の龍造寺隆信（一五二九～一五八四）の母・慶誾尼《けいぎんに》（一五〇九～一六〇〇）は、四十八歳で、家来筋の鍋島清房（一五一三～一五八五）のもとに押しかけ婚しています。

慶誾尼はもともと龍造寺周家《ちかいえ》（一五〇四〜一五四五）の妻でしたが、夫の戦死から十年以上経った一五五六年、亡き夫の姉を妻にしていた清房と再婚したのです。再婚自体は上流階級ではいつの時代にも珍しいことではないんですが……。

慶誾尼の特異な点は、相手の意向もかまわず、押しかけ女房となった点です。宮本義己「龍造寺隆信の母――慶誾尼」（小和田哲男編『戦国の女性たち――16人の波乱の人生』所収）によれば、彼女は、清房を控えの間に呼び入れ、

「そなた妻女に先立たれ、悲嘆の涙にくれていると聞く。ならば私が御身のなかだちをしましょう。吉日を選んでください」（宮本氏前掲書）

と迫った。妻女というのは、慶誾尼の夫の姉のこと。清房も一五四九年に妻を亡くしていたのです。そこへ慶誾尼は自分で自分の結婚の仲立ちをしよう、と申し出るのですからリアル「およう尼」。いや、慶誾尼の場合、最初からヨメは自分と名乗っていたのですが……それはそれで衝撃で、面食らった清房は婉曲に断って退出します。ところが慶誾尼は後日、自ら嫁入りの輿を仕立て、清房の屋敷に乗り込んでくるのです。

清房は呆然としながらも、慶誾尼は主人筋。鍋島家は龍造寺家に仕える立場なので、

拒みにくかったのでしょう、彼女と夫婦になります。

今で言うなら、妻を亡くした部下の家に、夫を亡くした元社長夫人が押しかけ婚をするようなもので、完全なるパワハラというか、人権無視もいいところです。

当時も、こうした彼女の行動は、

「軽忽《けいこつ》（軽々しい）なりし振舞い」（同前）

と非難されました。

仲人に仲立ちをしてもらい結婚するのが常識だった当時、慶誾尼は仲人もつけずに、自分で自分の結婚を仲立ちした。

つまりは「あなた妻をなくして寂しいでしょ。ここにいい人がいます」「いい人？」「私です」的に、自分で自分を売り込んだ。清房は「んー考えさせてください」的に言ったつもりが、慶誾尼は、勝手に吉日を選び、清房のもとに乗り込んだというわけで、こうした一連のいきさつが非常識だと、軽率のそしりを受けたのです。

世間の非難に対する彼女のことばも凄い。彼女が言うところを宮本氏の前掲書などを参考にまとめると、

「今は乱世なんだから能力主義でいかないと、我が龍造寺家が大功を立てることは無

理！　なので私は当主である息子・隆信のために、ふさわしい人物をかねがね探していた。結果、鍋島清房の次男の左衛門大夫（信昌）がベストだった。幸い清房は近年、奥様に先立たれて独り身。ならば私が清房に嫁すことで、息子の隆信と左衛門大夫を兄弟にして、龍造寺家を栄えさせようと思ったのです」

ちょっとカッコイイです。

が、ツッコミどころ満載です。

そもそも清房と結婚したのは、彼が好きだったからではない。

その息子の信昌（のちの直茂。肥前佐賀藩の藩祖。一五三八～一六一八）が目当てだった。

しかも、それは自分の息子・隆信の助けとなってもらうためだというんですから、息子にしてみれば余計なお世話というか、押しつけがましいというか、子をダメにする毒母のにおいさえ感じます。

そもそもこんな目的なら、ズバリ信昌と結婚すればいいように思うんですが、信昌は、一五五六年当時、十九歳。彼女は四十八歳ですから、さすがに遠慮したのでしょう。それでその父・清房がターゲットとなったわけです。

要するに清房は、慶誾尼主導の政略結婚の犠牲者となったのです。

が、戦国の世であれば、武将が娘や姪を政略結婚の道具にするのは当たり前のことで、慶誾尼は武将並みのことを、自らの身で行ったに過ぎないとも言えます。

とはいえ、「幸い清房は近年、奥様に先立たれ」といった発想などは、今なら炎上モノでしょう。人が死んでるのに「幸い」って……。

実際、慶誾尼の行動はネットもなかった戦国時代でも、またたく間に広まったようで、『歴代鎮西誌』によると、

〝このこと天下に隠れなし〟

つまりは日本中の人が知ることになったそうです（川副博『龍造寺隆信』など）。

こんなふうに問題の多い人ではありますが、彼女もまた本書の言うかっこいい「くそばばあ」であると私は考えます。世間体を大事にする日本にあって、しかも男女差別のあった戦国の世で、人の思惑も顧みず信念を貫いたのですから、大したものですよ。

そして、慶誾尼が守りたかった息子の隆信は、悲しいことに一五八四年に母に先立って戦死してしまいます。

龍造寺家危機一髪！　だったわけですが、後事を、自分の見込んだ信昌（鍋島直茂）に任せることで、豊臣政権を生き延び、慶長四（一六〇〇）年三月一日、九十二歳で大往生。彼女の措置は、徳川家康によって賞賛されたといいます（宮本氏前掲書）。

ちなみに後年、龍造寺隆信の孫の高房は、鍋島信昌（直茂）の孫娘と結婚するものの、精神不安定となり妻を殺して自害してしまいますが……有名な鍋島のお家騒動、化け猫騒動というのはこうした史実をベースにして作られた伝説です……龍造寺はデキる鍋島と合体していたことが手伝って、高房の弟の子孫が絶えることはなかったのです。

系図を作っても、龍造寺家と鍋島家はがっちりつながっている。鍋島の栄えは龍造寺の栄えとも言える。結果オーライじゃないでしょうか。

系図 慶誾尼

※『系図纂要』による

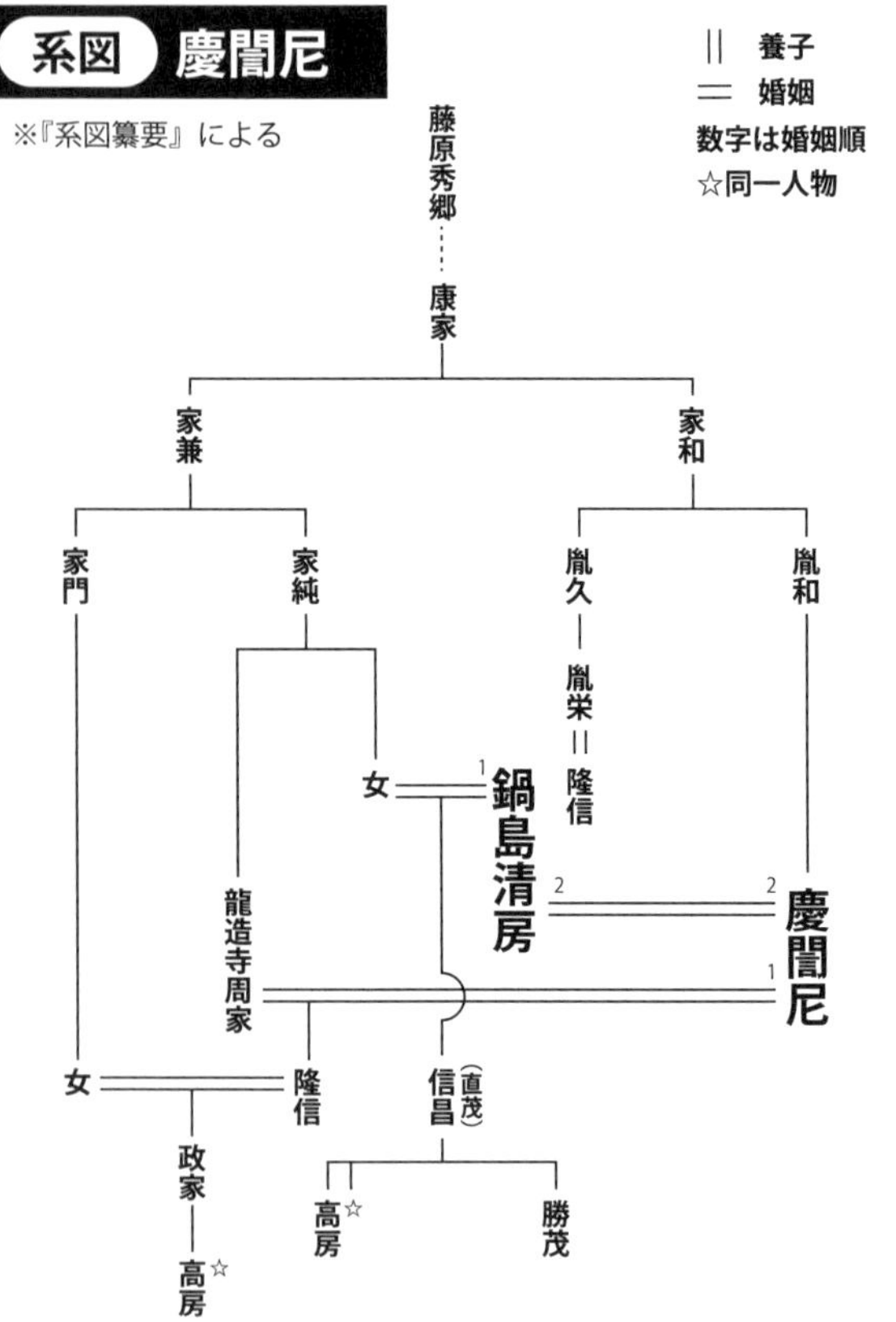

7 平安・鎌倉時代のアンチエイジングばばあ

……実在した驚異の美魔女・美婆

四十五でも二十歳にしか見えない　源倫子

藤原道長（九六六〜一〇二七）の栄華を中心に綴られた歴史物語『栄花物語』には、一〇〇八年、道長が二歳年上の妻の源倫子（九六四〜一〇五三。昔の日本は夫婦別姓。夫婦同姓が通例となったのは明治末から）をこんなふうに褒める箇所があります。

「御覧よ。あの母君のご容姿はどうだい。かえって姫君たちのお姿には劣らないほど若々しいじゃないか。なんといっても御髪《みぐし》が素晴らしいよ」（巻第八）

そんなふうに、一番下の娘（嬉子。この時、数え年二歳）の乳母に言って、いかにも満足そうに微笑みながら、妻を見ている様子が描かれています。

この時、源倫子は四十五歳。『栄花物語』の地の文にも、

「殿（道長）の奥様はこのように大勢のお子様をお生みになられたけれど、今のご容

姿は二十歳くらいにしか見えない」

とある。具体的には、

「小柄で愛らしくふっくらとして、物凄く可愛らしいご容姿でいらして、御髪の筋がきめ細かに美しく、御袿《みうちき》の裾に届くほど長い」（〝ささやかにをかしげにふくらかに、いみじううつくしき御様姿《さますがた》におはしまして、御髪の筋こまやかにきよらにて、御袿の裾ばかりにて〟）

これがまんざらお世辞とばかり思えないのは、前年、四十四歳で倫子は末娘の嬉子を生んでおり、つまりは夫に十二分に性の対象と見られていたから。

倫子は今なら美魔女、それも可愛い系だから亡き八千草薫のようなタイプでしょうか。ドラマ『岸辺のアルバム』（一九七七）のころ、八千草薫は満四十六歳だったかならなぁ……。

とはいえ、今ならさまざまな化粧品、美容法、アンチエイジング法がある。

しかし千年以上も前に、なぜ源倫子は若さと美貌を保っていられたのか。

遺伝的な理由や、高貴な身分に生まれて生活苦がないといった環境的な理由もあるでしょう。が、一つには、当時、天皇家にだけ伝わる美容の秘方があって、それを天皇の外戚たる藤原道長やその家族が目にする機会があったからではないか。

というのも、この記事の出来事があった一〇〇八年から二十四年前の九八四年、医師の丹波康頼《たんばのやすより》が古代中国の医学書をもとに『医心方《いしんほう》』三十巻を撰し、朝廷に献上しました。ここに、訳者の槇佐知子によって「美容篇」（原題は「鬢髪部」）と名づけられた一巻があるんです。

しかも『医心方』を全訳した槇佐知子によれば、

「本書は円融帝（院）に献上されたあと秘本となったが、天皇以上に権力をほしいままにした円融院や関白道長、そして道長の庇護を受けた紫式部は、手にすることができたと思われる」（『医心方』巻四　序）といいます。

紫式部はともかくとして、

「娘彰子のために、道長は及ぶかぎりの養毛美肌術をさせたのではないだろうか」（槇氏前掲書）

というのは同感です。

天皇家とその外戚である藤原道長は、こうした医学書に書かれた美容術を駆使して、妻や娘の美を保っていたのでは？　と思うのです。

当時の大貴族がいかに娘の美容に気を配っていたかは、平安中期の物語を読むとよく分かります。

娘を天皇家に入内させ、生まれた皇子の後見役として一族が繁栄していた当時、上流貴族は息子より娘の誕生を望み、娘が生まれれば美しく育つことを望み、晴れて天皇家に入内させることに成功すれば娘が愛されるよう、娘の美に気をつかっていました。大貴族にとって、

「男の子は残念で、女の子は大切なもの」（〝男《をのこ》は口惜《くちを》しく、女はかしこきもの〟）（『夜の寝覚』巻二）であり、

妻が妊娠すれば、

「生まれる子が見た目良く、性格も良くなるといわれる食べ物を妻に差し上げ」（〝生まるる子、かたちよく、心よくなる、といへるものをば参り〟）（『うつほ物語』「蔵開上」巻）ていました。

夫が妻に、生まれる子の容姿が良くなるというものを食べさせるのです。

そして無事、娘が生まれ、天皇家に入内させ、幸いにして皇子を生んだら生んだで、

天皇もしくは東宮の愛が他の女にいかぬよう、産後も天皇（東宮）に愛されるよう、父である大貴族が滋養豊かな食べ物を〝手づから〟調理して娘に食べさせる（『うつほ物語』「国譲中」巻）。

それもこれも、すべては娘が天皇（東宮）に愛されるため。

才色兼備の女房たちで娘を飾ったのも、

「あそこには綺麗な女房がいるぞ」

「面白い女房がいるぞ」

という評判を広め、天皇（東宮）を足繁く通わせ、娘の妊娠の確率を高めるためなのです。

『医心方』に見える平安時代の美容法

こんなことから平安中期は現代以上の美貌至上主義社会でした。

で、『医心方』のような医学書にも、「美容篇」に当たる一巻があり、そこには「養毛と発毛促進法」「白髪を治して黒くする方法」「ニキビの治療法」「シミ・ソバカスの治療法」「ホクロの治療法」（いずれも槇氏訳）などなど二十四章にわたって美しくなる方法が、古代中国の医学書からの引用をもとに説かれています。

たとえば「シミ・ソバカスの治療法」の一つを、槇氏の訳で紹介すると、『千金方』によれば、

「李子仁《りしにん》を粉末にし、卵白と混ぜ合わせたものを一晩塗っておくと、すぐに（ソバカスが）消える」

といい、李子仁とは「バラ科サクラ属の落葉小高木スモモの種子の中の仁」（槇氏注）という。また、

「杏仁《きょうにん》を酒に漬けてから皮をむき、それを擣《つ》いて絹の袋に入れ、夜、それで洗顔すること」

ともいいます。

あるいは『陶景本草《とうけい》』の注によれば、

「まだ頭や足がととのわない蜂の幼虫『蜂の子』を採取して酒に漬けておき、これを顔に塗ると、顔がすてきな白い肌になる」

とも。

今でいえばローヤルゼリー的なものを摂取する感じでしょうか。

また『医心方』には巻四「美容篇」のほかにも、巻二十六「仙道篇」の「不老長寿と若返り法」「美人になる方法」「体臭をかぐわしくする処方」（槇氏訳）などという項目もあります。

「美人になる方法」というのは主として色白、美肌になる方法で、いろんな漢方や、米や酒といった食品を材料にしており、とても庶民に手の出るようなものではありません。

詳細は槇氏の訳書に当たってほしいのですが、要するに、源倫子もこうした本を参考にしていた、もしくは夫の藤原道長が参考にして食事を供したり、女房に教えて美容を施させたりしていた可能性があるのではないか。四十半ばになってもなお二十歳にしか見えぬ美肌と美髪はそのたまものではないか、と私は言いたいのです。

驚くのは、天皇家に献上されるれっきとした医学書に、こうも美容法がたくさん書いてあることです。

今でこそ大学病院でも美容に関することを扱うようになりましたが、つい数十年前の昭和期までは美容は命にかかわらぬものとして一段低く見られていました。見た目が心身に及ぼす影響なども考慮されるようになったのは本当につい最近なのです。

美の利用価値が高かったからとはいえ、平安人の意識の高さは現代人以上でしょう。

もしも当時、現代のようなアンチエイジング法があったら、平安貴族のほぼ全員がやっていたに違いない、と思えるほど美の価値は高く、美にかける情熱も強かったのです。

驚異のモテ熟女　小松

源倫子が四十半ばを過ぎても若々しいのはしかし、彰子や妍子、威子といった天皇妃たちの母、のちの後一条・後朱雀・後冷泉（母は嬉子）といった三天皇の祖母、天下人・藤原道長の正妻といった地位や境遇を思えば、不思議なことではありません。

その立場上、当時、最先端の極上の美容法を手に入れることができたと思われるからです。

でも、下々の身分の女となると、そうはいきません。

美容法など知るべくもなく、加齢と共に手は節くれ立ち、顔も日に焼けてシミ・しわだらけ、髪も艶のない白髪のぼさぼさ頭になるのが関の山でしょう。

ところが庶民の中にも、六十という高齢になってなお、モテていた婆が実在しました。

鎌倉時代の『古今著聞集《ここんちょもんじゅう》』（一二五四）巻十六に出てくる〝小松〟です。

高倉天皇の皇女〝坊門院〟（範子内親王。一一七七～一二一〇）の侍所《さむらいどころ》の長に、兵庫助《ひょうごのすけ》則定という若者がいました。彼は〝むげにとしわかきもの〟（かなり年の若い者）なのに、侍所の〝雑仕《ざふし》〟（雑用係の下女）という低い身分の〝小松〟という〝六十計《ばかり》なる老女〟を〝最愛〟していました。今なら若い支店長がパートのおばさんにぞっこん惚れしているようなものでしょうか。

が、なにしろ時は鎌倉時代、部署は侍所です。優雅な平安貴族の世界でさえ、十九、二十歳の源氏や頭中将と関係していた五十七、八歳の源典侍は笑われ役でした。まして荒くれ者たちの世界で、老女を愛する則定は傍輩《ほうばい》どもに、

〝小松まき〳〵〟

とあだ名を付けられ、笑われていました。

これ、本によっては〝小松まぎ〟と濁るんですが、〝まぎ〟だとすると〝婚《ま》ぐ〟の名詞形。〝まき〟であれば〝まく〟の連用形で、いずれにしても、男女が寝るとか結

婚するといった意味になります。

〝小松まき〟とは「小松とやってる男」のことで、私はこの話を紹介する時はいつも、「小松ラブ」と意訳しています。

で、ある日、宮中の台盤所《だいばんどころ》（女房たちの詰め所）で、女房が小侍に、

「〝こまつなぎ〟（植物の名）を大急ぎで持って参れ」

と言ったところ、この小侍は〝小松まき〟と聞き間違えて、女房のもとに則定を連れてきたという、それだけの笑い話なのですが……。

則定は「伝未詳」といい、詳しい素性は分からぬものの、実在の人物に違いないでしょう。

今も熟女好きを超えて、老女じゃないと性欲が湧かないというような「老婆フェチ」というような人たちがいます。則定の場合、傍輩にからかわれているようなので、小松は美熟女というより、「老婆フェチ」の対象となるような、いかにもの婆だったという線も有り、かとも思う。婆のままナチュラルに若い男に好かれていたとしたら、羨ましくも微笑ましい限りです。

8

戦国時代に「老人科」を作った老医師がいた

……ご長寿医師たちが教える長生きの秘訣

老人医療を開拓した　曲直瀬道三

千年以上昔の平安時代、美容が医療として認識されていたことは、前近代の意外なまでの意識の高さを浮き彫りにしています。美容が心や体に及ぼす影響って甚大ですからね。老人ホームのお年寄りに化粧を施すと、表情が明るくなるというのもよく知られたことです。

最近では、老人に特化した老人医療というのも出てきて、大学病院にも「老年科」なる文字を見かけるようになりましたが、これまたずーっと昔、戦国時代からあったんですよ。

開拓したのは今から四、五百年ほど前に生きていた、曲直瀬道三《まなせどうさん》（一五〇七～一五九四）という医師です。

道三は医学の中興の祖といわれる有名人。患者には正親町《おおぎまち》天皇や織田信長、毛利元就、明智光秀といったＶＩＰを抱えていたのみならず、禅宗からキリスト教に改宗したことが、宣教師ルイス・フロイスによる『日本史』からうかがえます。

当時、道三がいかに尊敬されていたかについて、フロイスは、

「彼が出かけて行ったところでは、つねに彼に上座が与えられた」（松田毅一・川崎桃太訳『フロイス日本史』５　第二部七十章。以下、道三の様子や訳は同書から引用。「　」中の（　）も同書のママ）

と記しており、優れた学者であり、雄弁家でもあった道三の話を聞き語り合うことを、諸侯たちは「無上の喜びとした」といいます。

もちろん治療の巧みさでもピカイチで、都に八百人の門弟がいたというから凄い。

道三は一五八四年末当時すでに七十八歳だったのに、健康に恵まれ、思慮深く言動も立派であったというのも、くそ爺婆的に注目したいポイントです。

そんな道三に宣教師たちは会いたがり、インド人宣教師のフィゲイレド司祭は老齢で床から起き上がれないほどだったのを押して駕籠《かご》に乗り、道三の家に至りました。

かくしてフロイスによれば、

「両人はいずれも老人であった（から、期せずして）楽しげな談話が始まった」のです。

四百年以上前の、老人同士の国際交流。想像するだけで、わくわくします。

もちろん司祭の目的は道三を改宗させること。耳の遠くなった道三の耳元で、「永遠に滅びることがない霊魂」について言及すると、道三は、

「はたして人間に残るような生命があろうか」と反論します。

道三は科学者ですからね。合理的なんです。

けれど司祭もただ者ではありません。彼は、道三が禅宗に帰依し、「霊魂の不滅とか栄光の報いとか来世の苦患《くげん》などはないものと信じて」いることを承知していたので、

「宇宙万物の創造主のことを、禅宗で説く諸物の本源のようなものだとは夢々お考えなさるな」

と言い、病人である自分が治るためには、自分で考えていただけではダメで、医者である道三を頼らなくてはならない。それと同じように、デウスに関する超自然の学問や人間の救いについては道三が考えるだけでは十分ではない、

「その目的のために何千里もの遠いところからわざわざ日本に派遣されて来たのであ

る」

と言った。プロに任せろ、というわけで、道三はそのたとえに満足しながらも、

「この年齢《とし》になった今、道三、何が悲しくて新たな考察などに耽る必要がござろう」

と、未知の宗教を受け入れることを拒否しようとしました。高齢を口実にすることで、司祭のしつこい勧誘を断ろうとしたのかもしれません。

するると司祭もさる者、こう反論するのです。

「御身にとり、今ほどそれが大切な時はない。御身はもはや（人生の）終りに（達して）おられるからだ」

人生の終末にさしかかっているからこそ急がねばならない、時間はないのだ、と、道三が高齢を理由にしたことを逆手に取ってくる。

さすがインドと日本の泰斗。双方、理詰めで押してきます。

道三はついに、

「私にはもう、遠い（ところにある）あなた方の教会まで説教を聞きに行くだけの体力がない」

と言いだします。すると司祭は、自分たちがこの事業にどれほどの犠牲を費やして

きたかを語り、

「必要とあらば、我らのうちの誰かが御身の家に同居して説教いたすであろう」

とまで言う。教会に来る体力がないならこちらから教えに出向きましょう（しかも一緒に住んでまで！）というのです。

そこまで言われても、道三は、高齢ゆえ教えに基づく義務を守れない可能性があると断ろうとしました。そこで司祭はさらに、

「むしろ、（御身）のように老いておられればこそ、若者よりもより容易に、骨折ることもなく、主（なるデウス様）が我らに授け給うた掟を守ることができるであろう」

と食い下がります。

いや～～さすがに「何千里もの遠いところからわざわざ日本に派遣されて来た」と本人が言うだけのことはある。はるばる日本にまで来た司祭なだけありますね。

本当にしつこいくそじじいです。

そしてそのクソ熱心さが、とうとう道三を教会に向かわせることを成功させたのです。

司祭がここまで熱心だったのは、道三が今のことばで言えば、超絶「インフルエンサー」だったから。

なにしろ都中の貴顕が彼を尊敬していますからね。

宣教師たちの努力実って、説教を「速やかにかつよく悟ることができた」道三は、ついにキリスト教に改宗します。

すると案の定、都中が「彼の改宗でもちきり」となり、出陣中にこの知らせを受けたキリシタン大名の高山右近は「友人である大名たちにしきりに誘いかけ、それら大名たちの幾人かは、戦争から帰った後、（道三と）同じように改宗し、洗礼を受けた」。

キリシタンの一人は、

「道三がキリシタンになったことは、キリシタン宗団の信用を高めるためには一万人の改宗より大切なことだった」

と言い、またある者は、道三の改宗は、関白秀吉が改宗するよりも重要だ、と言った。

「なぜなら仏僧や日本の学者たちは、関白の改宗については、関白は馬鹿だからキリシタンになったのだ、と言うかも知れないが、道三に関しては、彼は学者だから、道理の光と力によって改宗したのだと告白せざるを得ぬからである」と。

一人の道三の改宗は一万人の改宗より勝り、しかも信頼感においては関白秀吉よりずっと優れていたわけです（ちなみに道三の改宗についての記録は日本側の文献には見えないそうです）。


道三がいかに卓越した医師であったか、研究者としても優れていたかは、彼が日本で初めて「老人科」（老人門）を作ったことからも分かります。著書『啓廸集《けいてき》』（一五七四）で、彼は、中国の医学書を引用しながら、小児には小児、老人には老人向きの医療があるという、現代なら当たり前の、しかし当時としては斬新な発想に基づく医療理論を展開したのです（富士川游著・小川鼎三校注『日本医学史綱要』1）。

八十八歳の長寿を生きた道三は、死の間際まで医学と真理の追究に励み、歴史に名を残します。

老いてなお、キリスト教という未知で、新しい考え方を取り入れる柔軟性があった道三であればこそ、でしょう。

百八歳まで生き、徳川幕府の精神的支柱となった天海もそうですが、老いてなお人々に尊敬され、その道を切り拓いていく爺たちに共通するのは「柔軟性」です。

ネット分かりません、パソコンできません、人工知能？　何それ⁇　というような爺とはわけが違うのです。

「養生」のスキルを普及させた貝原益軒

日本に「老人医療」という新しい考え方をもたらしたのが曲直瀬道三なら、「養生」という考え方を広めたのが貝原益軒《かいばらえきけん》（一六三〇〜一七一四）です。

といっても「養生」の考え方は平安時代からあり、アンチエイジングの項（⇓7）でも紹介した『医心方』（九八四）にも「養生」篇があって、「精神衛生」や「身体の養生法」「呼吸法」「起き伏しの心得」「衣服と養生」「居処について」などの項目があります（槇佐知子訳『医心方』巻二十七）。

が、『医心方』は円融天皇に献上されて以来、秘本となった貴重書です。

一般人はおろか、貴族の中でも目にすることができる人は、皇室に近い限られた身分の人たちだけでした。

それが益軒の登場によって、養生の思想が一気に一般に広まります。

しかも彼が『養生訓』（一七一三）を書いたのは八十四歳の時なんです。

超高齢社会の現代日本にあっても、もはや本を書く気力が失せてもいいような年ごろです。

『養生訓』によれば益軒はその年齢でも〝目の病なく、夜、細字をよみ書く〟（巻第五）という健康さで（私なんて四十過ぎですでに老眼で、細かい字は読めなくなっていました）、歯も一本も抜け落ちていなかったというから羨ましい。

それもこれも、益軒によれば養生を心がけているからで、最も有名な養生法が腹八分目、食べ過ぎないことです。

そして薄味。

〝凡《すべて》の食、淡薄《たんぱく》なる物を好むべし〟（巻第三）

さらに夕飯は少なめにして、夜酒はのまない。

小児や老人は四季を通じて温かいものを食べる。

四十を超えたら、用事がない時は目を開かぬほうがいい。

口を閉じて寝る。

夜ふかしはしない。

熱い風呂はいけない。

長く歩いたり、長く座ったり、長く立ったり、長く寝ていたり、長く語ったりしてはいけない（要するに同じ姿勢は良くない、と。今も長いこと座りっぱなしなのは万病のもととかいわれますよね）。

などなど、今に通じる健康法が、巻第八に至るまで説かれています。

接して漏らさず、というのも有名な教えで、

〝四十以後、血気やうやく衰ふる故、精気をもらさずして、只しば〳〵交接すべし〟

〝若年より精気をお（を）しみ、四十以後、弥《いよいよ》精気をたもちてもらさず、是命《これいのち》の根源を養ふ道也〟（巻第四）

セックスしても射精してはいけないというのです。

益軒の教えでは、概して体液は大切にしなければならぬもののようで、

〝津液《しんえき》は臓腑《ぞうふ》より口中に出づ。お（を）しみて吐《はく》べからず〟（巻第二）

ともいいます。ツバ（津液）は大切にして吐いてはならぬというのです。これも、

最近では、唾液が虫歯や歯周病を予防することが分かっていることからしても、先見

的な説と言えるかもしれません。

こうしたことを、八十四になってなお頭も明晰、体も丈夫な「健康じじい」、それも「医者」が説いているのだから、これほど説得力のあることはないでしょう。

江戸時代以降、多くの人に受け入れられたのは無理もありません。


益軒の『養生訓』には哲学があって、そもそもなぜ人は長生きすべきなのかというところから始まっています。

それは、人の身は、

〝天地父母のめぐみをうけて生れ、又養はれたるわが身なれば、わが私の物にあらず〟（巻第一）

天地父母の恵みを受けて生まれた我が身なので、私物ではないから。

自分勝手な欲望のままに我が身を損なうのではなく、天寿を全うしてこそ孝行であり、養生して久しく楽しむことが人間にとって大事だというのです。

確かに、いくらお金があっても、早死にしたら、元も子もありませんものね……。

益軒は医者選びの大切さも説いています。

良医になるには十年二十年かかるといい、ダメな医者に父母の命をゆだね、我が身を任せて、

〝医にあやまられて、死したるためし世に多し。おそるべし〟（巻第六）

と警鐘を鳴らしています。医療ミスで死ぬ人が江戸時代も多かったのです。

そして最終巻の巻第八では〝養老〟と称し、老人のいたわり方・接し方だけでなく、老人の健康法も説きます。その中にこんな一節があります。

〝今の世、老て子に養はるゝ人、わかき時より、かへっていかり多く、欲《よく》ふかくなりて、子をせめ、人をとがめて、晩節をたもたず、心をみだす人多し〟（巻第八）

当世、老いて子に養われる人が、若い時より怒りっぽく欲深になって、子を責め、人を咎めて、心を乱す者が多い、と。

キレる老人というのが最近、何かと話題になっていますが、年取って怒りっぽくなる……というのは江戸時代も同じだったのです。

では、こうした老人はどうすればいいのか。益軒は言います。

〝子の不孝をせめず、つねに楽みて残年《ざんねん》をおくるべし〟

また、

〝年老ては、やうやく事をはぶきて、すくなくすべし〟とも。

子の親不孝を責めず、常に楽しんで残りの歳月を送る。

そして物事を省いて、心労を避ける。

今に通じる教えではありませんか。

死の間際まで蘭学への情熱に燃えた杉田玄白

こうしてみると前近代にも科学じじいがいたことが分かります。

杉田玄白《すぎたげんぱく》（一七三三～一八一七）などはその最たるものでしょう。

杉田玄白や前野良沢《まえのりょうたく》（一七二三～一八〇三）が、文脈から意味を類推しながら『ターヘル・アナトミア』を翻訳し、『解体新書』として出した苦労話は伝記や教科書などでもおなじみです。

たとえば、鼻に関する記述で「フルヘッヘンド」とあるのが分からず、別の冊子に、庭を掃除すると塵土が集まってフルヘッヘンドするという表現があったことから、「堆し《うずたかし》」という訳語に辿り着いたというエピソードなど、私も授業で習った覚えがあります（酒井シヅ『すらすら読める蘭学事始』の注によればフルヘッヘンドは「『ターヘル・アナトミア』の原文の鼻の記述の箇所には出てこない」といいますが）。

『解体新書』は、それまで中国の医学書や経験などから、想像していた内臓の細部を、解剖図によって正確に知ることができたという意味で、日本の医学界に飛躍的な進歩をもたらします。

ともするとまじない師や香具師《やし》に毛が生えたような医師の地位も……といってもVIPたちの医師は違いましたが……これを機に「科学者」として大きな地位向上の道へ向かうわけです。

こうした輝かしい功績を残した杉田玄白、長生きじじいとしても有名で、その著書『蘭学事始』（一八一五）を書いたのは玄白が八十三歳の時。貝原益軒が『養生訓』を書いた年齢にごく近い。

しかも二人とも、これらの著書を書いたあと、八十五歳で死去している。

玄白の母は、玄白を出産すると同時に死去しています（青木歳幸『江戸時代の医学名医たちの三〇〇年』）。

これも、十二歳のころに母と死別した（伊藤友信訳『養生訓』）益軒と、どこか通じるものがある。

幼いころに、母親という最愛の存在を亡くすという不幸に見舞われた二人は、それとひきかえに、早くから命の大切さについて考える機会に恵まれていたとも言えるのかもしれません。


『養生訓』の益軒といい、杉田玄白といい、医師は長生きしてこそ信頼感が増す。日野原重明先生が百を超す長寿を保ったのも、世間では「さすがは医師」という目で見るものです。

「私が証明です」、というわけです。

医師というのはしかし、平安・鎌倉・室町時代、江戸時代も初期くらいまでは、先にも書いたように、香具師のようないかがわしい存在に近く、『落窪物語』で継母の差し金で、ヒロインにセクハラを働くのも老医師だし、『今昔物語集』にも三十路女にセックスをちらつかされながら、治療に専念したあげく、女にトンズラされる老医師のことが笑い話として描かれています。

いずれもスケベじじいとして登場するのは、貴婦人が人前に姿を見せなかった当時、医師は職業柄、肌まで触れることも手伝っているのでしょう。

江戸初期には『竹斎《ちくさい》』という藪医者の話もあります。

そんな中、杉田玄白は、近代的な医師の草分けとして医療の地位向上に役立ち、自身も長寿を保つことで、「医者の不養生」とは真逆の道を指し示しました。

彼の書いた『蘭学事始』には、『解体新書』の苦労話が綴られていて、先の「フルヘッヘンド」のエピソードもここに収められています（上之巻）。
これによると玄白は、当時、オランダの学説を知る人は皆無だったため、「これは異端の説であると驚き怪しんで、手にとって見る人もいないだろうと思って、まず『解体約図《かいたいやくず》』というものを出版して世に示した。これは俗にいう引き札（広告のチラシ）同様のものであった」（下之巻。訳は酒井シヅ前掲書から）
といい、玄白が『解体新書』の刊行に先立って広告を出していたことが分かります。
新しい学説を発表するに当たっての玄白の意気込みが伝わってきて、玄白のプロデュース能力があったればこそ、『解体新書』は世に広まり、受け入れられたことが浮き彫りになります。

興味深いのは、自分の目指す蘭学の道を完成させるために、「この道に厚い志を持つ人」を見つけ、娘の一人と結婚させて、

「父子の契りを結んだ」（下之巻。酒井シヅ訳）

というくだりです。

蘭学という新しい学問を志しながらも、協力者であり後継者でもある男を娘婿にすることで、世襲的に伝えていこうという発想が、何やら古めかしくもあり、面白いのです。

ただ、娘婿となった宇田川玄真《うだがわげんしん》は、若気の至りで「放蕩」となり、やむを得ず離縁することになります。

遊郭通いでもしていたのでしょうか。

が、のちに玄真が心を入れ替えたので和解。折しも医師の宇田川玄随《げんずい》が病死したので、宇田川氏の養子となった。

そして亡き玄随のあとを継ぎ、『西説内科撰要《せいせつないかせんよう》』三十巻の訳を完成させます（酒井氏前掲書）。酒井シヅの解説によれば、その「翻訳力は図抜けており、その他の訳書も蘭学に大きな影響を与えた」（前掲書）といいます。

こうした才能があったから、玄白も一度は娘婿に……と、選んだのでしょうが……。気になるのは、父により玄真と結婚させられ、あげくは離縁させられた玄白の娘の気持ちです。

父が生涯をかけて入れ込む蘭学のためとはいえ、娘にしてみたら、たまったものではない。

ひょっとして、玄真が「放蕩」したのは、この娘と相性が悪かったからではないか。当の娘の気持ちはまったく伝えられておらず、このあたり、想像に過ぎませんけれど……。

執刀者は九十歳の元気爺

ちなみに『蘭学事始』によれば、骨ケ原で死体の〝腑分《ふわけ》〟(解剖)を見学した際、執刀役は〝穢多〟(被差別民)の虎松という男が予定されていました。

が、当日、虎松が急病となり、代わりに執刀したのは九十歳になるその祖父でした。

彼は、〝健《すこや》かなる老者〟

で、臓器を指し示し、心臓、肝臓、胆囊《たんのう》、胃などのほかに名がないものも、
「名前は知らないけれど、自分が若いときから手がけた数人のからだで、どの腹の内をみても、ここにはこのようなものがあったし、あそこにはあんなものがあった」（上之巻。酒井シヅ訳）

と指し示していたといいます。

玄白も元気な長生きじじいですが、このような名も知れぬ低身分の者の中にも、九十という高齢で解剖を手がけるような元気なプロフェッショナルじじいがいたとは驚きです。

杉田玄白自画像

酒井シヅによる『病が語る日本史』は、杉田玄白に関するこんな面白い話も伝えています。

「七十九歳のある日、筆のおもむくまま、両手をあげて、軽く踊る自画像を描き、次のような賛を入れている」（酒井氏）。曰く、

「偽の世にかりの契りとしりながら　ほんじやと云ふにだまされた　ここは狐《きつね》の宿か

ひな　コンコン　文化八のとし　此今様をうたひ躍り　たりてゆめミし姿のうつし絵明年八十翁　九幸老人」

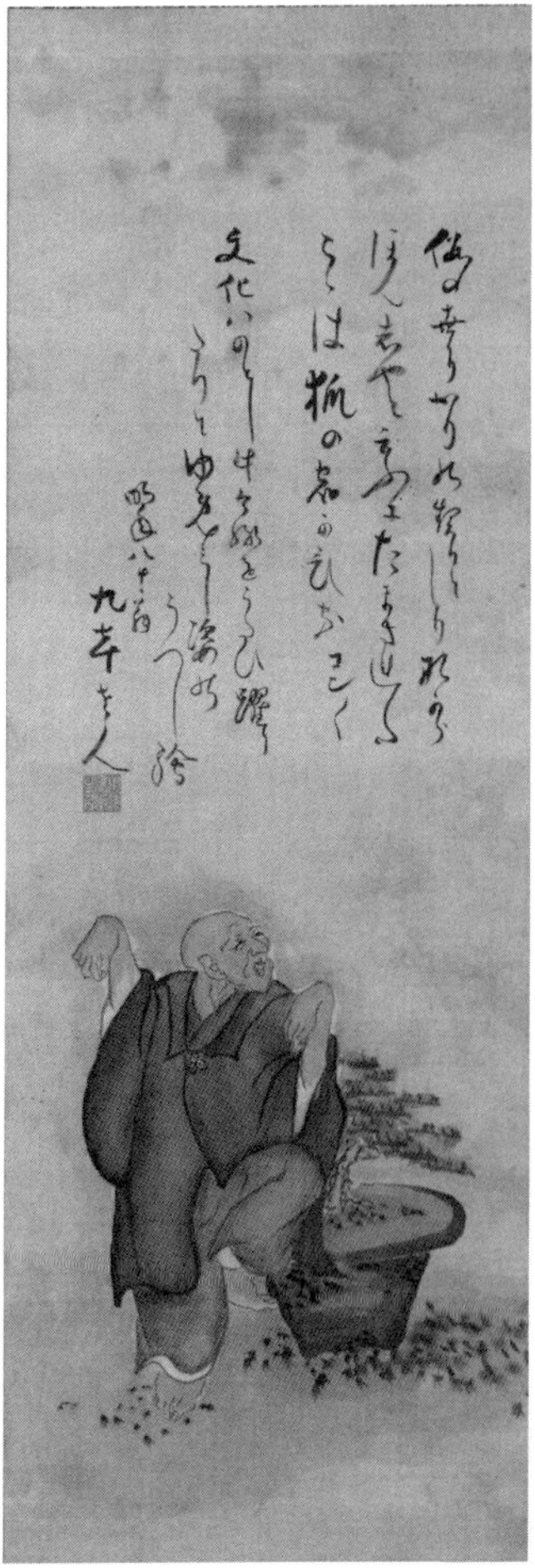

早稲田大学図書館蔵（https://www.wul.waseda.ac.jp/kosho/imaspdf/pdf/yogaku051.pdf）。

九幸老人とは玄白の最晩年の号で、その由来は玄白八十四歳の時の随筆『耄耋独《ぼうてつどく》語《ご》』によると、自分の幸せを数えて九幸とした、といいます（酒井氏前掲書）。

「玄白が数えた九幸とは、一に泰平に生まれたこと。二に都下に長じたこと。三に貴《き》賤《せん》に交わったこと。四に長寿を保ったこと。五に有禄を食《は》んだこと。六にいまだ貧をまったくしなかったこと。七に四海に名たること。八に子孫の多きこと。九に老いてますます壮なることであった」（酒井氏前掲書）。

酒井氏が同書で指摘するように、貝原益軒は『養生訓』で〝命みじかければ、天下四海の富を得ても益なし〟（巻第一）と、長生きこそ〝万福の根本〟としたものです。

しかるに杉田玄白は平和な世、都会育ちで長寿に恵まれ、貴賤に交わり、藩医として禄を賜り、生まれてこのかた貧乏だったためしがなく、天下に名をなし子孫繁栄、老いてますます健康……というのですから、確かにこれ以上の幸せはありません。

そしてこうした幸せを幸せとして感じる楽天的で前向きな性格があったからこそ、長寿も名誉も得たとも言えます。

だとしても、ここまで自分で並べ立てるとはふてぶてしいというか、飄々としているというか、これぞくそじじいの鑑という気がする。

他人にどう思われるかなど忖度せず、自由に、けれど力の限り生きてきたから、単なる自慢を超えて、神の風格さえ漂っているのです。

江戸時代にもあった？　ご長寿ブーム

現代日本では一時期、百歳を超える現役医師の日野原重明、当時九十八歳の詩人柴田トヨによる『くじけないで』、八十五歳のシスター渡辺和子の『置かれた場所で咲きなさい』といった、現役ご長寿ブームが巻き起こり、それは今も続いています。同時に、どうすれば長寿で現役でいられるかを示した健康実用書が雨後の竹の子のように出されたものです。

江戸時代にも、貝原益軒の『養生訓』以来、この手のブームがきたようで、そんな中、出版されたのが『老人必用養草《ろうじんひつようやしないぐさ》』（一七一六）です。これは「少年時から貝原益軒に学問を受け」（酒井シヅ監修・中村節子訳注『老人必用養草　老いを楽しむ江戸の知恵』より小曽戸洋解説）た医師の香月牛山《かづきぎゅうざん》（一六五六〜一七四〇）が、六十一歳の折に書いたもので、序には九十一歳を過ぎてなお元気な坂口法源という人がコメントを寄せています。

牛山自身、八十五の長寿を全うしていますが、『老人必用養草』の内容は、年老いていかに元気を保つかということで、人には六十歳、八十歳、百歳の寿命があるものの、心身共に丈夫に生まれついても養生次第では四十を過ぎるころから病気がちにな

るし、逆に心身共に弱い生まれつきでも養生次第で六十、七十まで生きられるのだといいます。養生のポイントは、

〝私欲をさりて元気を養ふ〟

こと。色欲・食欲や怒りをおさえ、眠り過ぎないことが大事であるといいます。

とくに老人の過食・美食を諌《いさ》めているのは現代にも通じる教えで、幕末の日本が基本的に豊かな飽食時代であったことを浮き彫りにしています。豊かだからこそ、元気なくそ爺婆が大量発生していたのです。

そこに書かれた教えの一例を挙げると、

「夏でも冷えたご飯は食べてはならず、冬でも熱すぎるご飯を食べてはならない」（前掲書より中村節子による訳文）

って、電子レンジも保温釜もない当時、どれだけ贅沢なんだ！　と驚きます。

ただし、八十以上ともなると歯がないのが前提で、重湯などを勧めているのは、現代の歯もたくさん残っている老人とは違うところです。

前掲書の小曽戸洋の解説によると、牛山の老年は立派なもので、

「七十五歳にして老《おい》を覚悟し」

「私の使命は終った。今後はたとえ生きていようと、死んだに等しい。世間とは隔絶する」（小曽戸氏）

と宣言。生涯独身で子もない彼は、財産をすべて親類に分与し、墓地を決め、棺を作らせた。

見事な「終活」をしたのでした。

「老害」が唱えられて久しいですが、「四方八方から弟子が追いかけ、常に先生のもとには百人以上の門人がいた」（小曽戸氏）という牛山の引き際、あざやかなものです。

牛山が七十五で引退を決めたのは、あるいは、師の益軒が死の間際まで現役でいるのを、反面教師的に学んだ結果なのか？　という思いが頭をよぎるものの、それはゲスの勘ぐりというものでしょう。

「くそじじい」ということで言えば、老いてなお「俺が俺が」と自己主張して表に出たがってる感のある玄白のほうに、私は惹かれますけどね。

9

昔もいた「迷惑じじい」

……現代に通じるキレる老人たちの実態と子の苦労

迷惑な六種類の爺

江戸末期の歌川国芳の作品に『田家茶話 六老之図』というのがあります《図》。六人のじじいどもが集まっている絵の上に、六つの狂歌が書かれたもので、

〝聞《きき》たがる死にとうながる淋しがる　出しゃばりたがる世話をしたがる〟

などは、今も「あるある」という感じ。

〝又してもおなじ咄《はなし》に子をほめる　達者じまんに人はいやがる〟

に至っては、笑うに笑えません。

年を取るとカラダの不調の訴えが多くなるもので、それはそれで嫌がられるものですが、健康自慢の爺婆も、くどくなると、うんざりするものです。にしても、こういう狂歌が出てくるところからしても、江戸末期の人って長生きだったんですね。長生

国立国会図書館デジタルコレクション

きが珍しければここまで茶化されませんからね。こうした狂歌が描かれ受け入れられるのは、それだけ年寄りが周りにごろごろしている、平和で豊かな時代なればこそ。元気な爺婆がたくさんいるからこそ、定型化もパロディもできるわけです。

気になるのは、

〝くどうなる気みじかになる愚痴になる
心はひがむ身は古くなる〟

という狂歌。文字通り、くどくなる、短気になる、愚痴っぽくなる、心はひがみっぽくなってカラダは古くなる、と。

今も「キレる老人」というのが問題になっていますが、江戸時代から、老人はキレやすいことが知られていたのは、先にも紹介したように、貝原益軒がこんなことを書いていることからも分かります。

〝今の世、老て子に養はるゝ人、わかき時より、かへつていかり多く、慾ふかくなりて、子をせめ、人をとがめて、晩節をたもたず、心をみだす人多し〟（『養生訓』巻第八）

老人は若い時より怒りっぽく欲深になって、子を責め、人を咎め、心を乱す類いが多いというのです。益軒は、

〝子の不孝をせめず、つねに楽みて残年をおくるべし〟

とアドバイスしたものです。

が、言うは易し、行うは難しというのはいつの時代にも変わりません。やはり前項で紹介した香月牛山の『老人必用養草』にも、

「怒りの情は肝がつかさどる。年老いると陰である血気が衰え、陽気だけがたかぶって、なにかと怒りやすくなる。孝行者の子や孫であっても、気に入らず、世間でいう『隠居ひがみ』で、ことあるごとに不満ばかりを云い立て、親子の仲もうまくいかないことが多い。子としては充分つくし、孝行に励んで、怒りをおこさせないようにしなければならない」（酒井シヅ監修・中村節子訳注『老人必用養草　老いを楽しむ江

戸の知恵』より訳文)

とあります。

〝隠居ひがみ〟なんてことばもあったんですね。平安文学にも、〝老いのひがみ〟ということばが出てきます。平安時代には、ひがむ、というのは今のひがむとは少し違って、認識が歪む、耄碌して間違った考えや頑固な考えに凝り固まるようなことを言うんですが、江戸末期の〝ひがみ〟はほぼ現代語と同じと受け取っていいのではないでしょうか。

今で言うなら、定年退職後、家にいる年寄りが、何かとひがみっぽくなる、という感じでしょう。

それでも子や孫は孝行せよとは、現代人にとっては理不尽極まりありませんが、赤ん坊だと思って、ゆるく受け止めるしかないでしょう。

が！　そんなふうに対応したらしたで、

「子ども扱いされた」

「老人は子どもではない」

と怒ったりするんですよね。

とくにキレる老人は爺に多い印象です。

図書館の女性司書、コンビニの女性店員といった、自分より弱く、立場が下の者にキレる。

そういう人は、あるいは現役時代は偉かったのかもしれないし、あるいは男ということで何かと優位な立場にあって（最近でも複数の大学の医学部の入試で男子が優遇されていたことが発覚したり、世界的にも日本は男女格差が大きいことで有名だったりしますよね）、つまりは甘やかされてきたから、こうなったのかもしれない。

男性優位社会の江戸時代に、国芳の描いた六老人が全員爺なのも、偶然ではないでしょう。

介護者にキレる爺を八十歳でレポした無住

さて、老人ホームなどで、介護職員に暴力やセクハラ行為をする高齢者が、問題になっています。

介護を受ける高齢者に、たたかれたり、胸をさわられたりといった「介護ハラスメント」を、介護職員の74・2％が経験しているというのです（日本介護クラフトユニオンによるアンケート……「朝日新聞」2019年12月17日付け朝刊)。

これは認知症などの高齢者の脳の状態も関係しているといいますが、「お年寄りの側にハラスメントの意識が薄い」(同前記事)ともいい、世代的なものもあるらしい。男尊女卑や、介護者を使用人と見なす風潮の強い時代に育った人たちが多いですからね……。

そして、そうした老人は昔からいたことが無住《むじゅう》(一二二六～一三一二)の『雑談《ぞうたん》集《しゅう》』からはうかがえるんです。


無住は鎌倉時代の僧で、説話集『沙石集』の著者として知られていますが、八十七歳の長寿を全うしてもいます。

そんな無住が七十九歳から八十歳という高齢で『雑談集』という説話集を書いた。

これだけでもアメージングなのですが、この説話集にはちょくちょく無住自身のエピソードが出てくるのが特徴で、巻第四のその名も〝老人用意事〟という小見出しの一節に、興味深いことが書かれています。曰く、

「老いは仏教のいう八苦の中でもナンバーワンの苦しみで、万事、若かった昔にひき

かえ、カラダは苦しく、不自由ばかり多い。しかも、人に嫌われ憎まれ、笑われるのです」（〝老は八苦の随一、何事につけても、昔にかはりて、身くるしく、さはりのみをほき中にも、人にいとひにくまれ、わらはれ侍り〟）

と、しょっぱなから、「老い」の位置づけはズーンと低い。

老いの成熟、ということが言われがちなのも、本当は老いがつらいものだからこそ、希望を失わないために良いところを見つけているのでしょう。仏教では「生老病死」といって、老いは四苦の一つです。そもそも生まれてくること自体、苦痛ということなんですが……。

『雑談集』に戻ると、〝老人用意事〟に続いて〝瞋恚《しんい》の重障たる事〟という小見出しがあって、怒ること、〝立腹〟の罪深さが説かれています。

そのエピソードの一つとして、

〝愚老も立腹の者なりしが〟

と、無住は自分も昔は怒りっぽい性格だったとカミングアウトする。

そして、仏の教えのおかげで怒りっぽさが減り、とりわけ病中、こう誓ったといいます。

「介護者を恨まぬ、腹を立てまい」（〝看病者を恨せぬ、腹たゝじ〟）と。

以来、長年、介護者に対して腹を立てたことはない、といいます。

逆に言うと、介護者に腹を立てる人は昔から多いということで、無住が言うには、

「かつて一瞬の怒りで毒蛇に化してしまった人がいた、それは介護者がその人の顔に扇を落としたから、という」

無住はこの人の年齢を記さないものの、文脈からして老人に違いないでしょう。

芥川『鼻』のモデルになった熟練僧

そういえば『宇治拾遺物語』巻第二にある、芥川龍之介の小説『鼻』の原話となった〝鼻長き僧の事〟も、介護者に腹を立てる話でした。そこに出てくる善珍内供《ぜんちんないぐ》という僧は、真言などをよく修め、長年霊験《れいげん》あらたかな僧として世間にありがたがられていたために、リッチな暮らしをしていたものの、異常な長鼻の持ち主でした。その鼻は、二、三日経つと赤紫になって膨れてかゆくなるので、湯でその鼻を蒸らした上で、鼻を人に踏ませ、中から出てきた白い虫のようなもの（脂？）を、毛抜きで人に抜か

せるということを繰り返していました。

こんな鼻なので、食事の際は弟子の法師に長さ三十センチほどの板を持たせて鼻を支えさせていました。この弟子の法師以外の者がこれをやると手荒く鼻を持ち上げるので、法師は、

〝腹を立てて物も食はず〟

という有様。ところがたまたま、いつもの弟子の法師の体調が悪く、鼻を持ち上げる人がいない時があった。

皆が困っていたところ、召使の童子《どうじ》が「私がうまく持ち上げてみます」と言う。やらせてみると、実にうまい具合に鼻を持ち上げる。内供は絶賛。いい感じに事は運んでいたのですが、童子がくしゃみをした拍子に、持っていた板が揺れて鼻が外れ、食べていた粥の中に入ってしまった。結果、内供の顔にも童子の顔にも粥が飛び散った。

内供の怒るまいことか。

「お前は不吉なまでにひねくれた性格の奴だな！　考え無しの〝乞児《かたゐ》〟とはお前のような者のことを言うんだよ。これがもし、私以外の高貴な人のお鼻であったら、こんなことはできないだろう。まったく不愉快な、気のきかぬバカ者だな。おのれ、出て

け出てけ‼」

　という激しさ。

　童子とて善意からやったことで、わざと鼻を落としたわけではないのです。なのに、ここまで罵倒するとは、霊験あらたかな僧とは思えぬ人柄ですが……。

　童子も言われっぱなしではありません。

「世間にこんな鼻持ってる人がほかにおいでなら鼻を持ち上げに参るだろうけど、馬鹿な事おっしゃる坊さんだよ」

　そう言い返したので、聞いていた弟子どもはものの後ろに隠れて笑った、といいます。

　善珍の年は分からぬものの、〝真言などよく習ひて年久しく行ひて〟とあるので、相当の年ではあったでしょう。

　いいですね〜人間らしくて。介護される身だからといって我慢してばかりでは鬱になりますよ。笑った弟子どもも素直でいい。善珍内供は神経質そうではありますが、感情をあらわにできる雰囲気はあったんでしょう。こういうくそじじい、好きです。

　というか、文字通りの「クソ坊主」ですよね。

10

西鶴の見たくそばばあたち

……男尊女卑の時代に明晰な頭脳や財力で「自分」を貫く

九十二歳の頭脳明晰婆と、七十一歳のドケチ婆

江戸末期には意外なまでに元気な老人がいたことを紹介してきましたが、江戸初期から半ばにかけての大坂は、江戸にもまして栄えていたのでしょう、井原西鶴の『世間胸算用《せけんむなざんよう》』には超絶元気な婆たちが登場します。

巻第一の三話「伊勢海老は春の栬《もみぢ》」は、ある大商人の家の年末風景。この家でうっかり正月の飾りにする伊勢海老を買い忘れていた。気づいた時には価格が四匁八分（約一万円）でも買えないほどに高騰していたので、商人は代わりに細工物の伊勢海老をその約半額であつらえ自慢していました。

「正月が終われば、子どものおもちゃにもなるし、こっちのほうがいいだろう」

と、得意満面、長広舌《ちょうこうぜつ》を振るうので、皆、

「さすがにここまで身代《しんだい》を持ち固めた人の才覚は格別」

と傾聴していました。

ところがそれを、隠居所の老母が聞きつけて、

「今日まで伊勢海老を買わずにいたとは気のつかぬ者どもだ」

と言います。

彼女はなんと月の半ばに、伊勢海老がまだ稚魚のうち一つ四文（約百二十円）で二つ買っていた。一つは、いつも決まってもらう歳暮のお返し用。婆曰く、

「お返しの品は、もらった品と同等に見えつつ、こちらが少し得するように贈るものじゃ」

しかももう一つの伊勢海老も、彼女はただで息子に渡さない。

「親子の仲でも互いの勘定はしっかりしたほうがいい」

と、歳暮のお返しにもらうのと同等の価値の牛蒡《ごぼう》を寄越せと要求する。

この婆は当年九十二歳ながら、目も良く足も丈夫という設定です。もちろん頭の回転は息子以上。

西鶴の作品はルポルタージュとも言えますから、これは現実にそのような婆がいた

反映と思っていいでしょう。

今なら株の投資家としても成功しそうです。

同じ『世間胸算用』巻第一の四話目は、七十一歳の〝しわき事かぎりなし〟という婆が主役。

息子もドケチで、大晦日に年に一度の〝水風呂《すいふろ》〟をたき、ためておいた五月のちまきのカラやら、お盆の蓮の葉を薪代わりにしていた。

水風呂とは、かつて主流だった蒸し風呂に対することばで、今の普通の風呂のこと。〝湯風呂〟ともいい、風呂自体、当時は贅沢なものでした。

婆さんは片方だけの塗り下駄を風呂をたく火にくべながら、

「十八で嫁いで以来、五十三年使っていた。一生これ一つで済ますつもりだったのに、片方を野良犬めに食われた」

と愚痴を言いつつ、涙をこぼしながら、こう言います。

「月日の経つのは早いものじゃ。明日で一年目になるが惜しいことをした」

折しも風呂をもらいに来ていた近所の医者がこれを聞きつけた（このあたりはケチ

とはいえ、さすが金持ち商人、昔はもらい風呂が普通だったのですね。そういえば亡き明治生まれの父方祖母が、うちでお風呂に入ったあと、「ごちそうさまでした」と言っていたものです。お風呂はごちそうされたり、したりするものだったのです)。

で、

「どなたか亡くなられましたか」

と聞いたところ、

「いくら私が馬鹿だからといって、人の生き死にをここまで嘆くほど馬鹿ではございません」

と婆さん。原文は、

〝いかに愚智《ぐち》なればとて、人の生死《しやうじ》をこれ程になげく事ではござらぬ〟

〝愚智〟っていうのは愚か者、知恵が足りない、という意味です。

このセリフを初めて見た時、感動しました。

「人の生き死になんて嘆くに足らぬ」

とは合理的というか、凄い婆です。

では、何が「嘆くに足る」ことなのか。婆は続けます。

「元日に堺の妹が年始に参って、お年玉を銀《かね》一包みくれたんで、なんぼか嬉しく、神棚へ上げておいたら盗まれました」

と言うではありませんか。

「私はこの年まで銭一文落とさず生きてきたのに！」

そう言うと、婆は我慢できなくなったのでしょう。

〝世の外聞もかまはず、大声あげて泣かれければ〟

という有様。

しかも婆、家内のこととて、犯人は家族だと疑っている。

〝我々疑はるる事の迷惑〟

と考えた家族は、もろもろの神に祈って「私ではない」と誓い、皆が屋根裏まで探したところ、銀は母屋の棟木《むねぎ》のあいだから出現しました。

さてめでたし、となるかと思いきや、婆は納得しない。ここまで銀が動いたのはなぜか？　家族は、

「ネズミだ」

と主張したのですが、婆は、

「こんなに遠くまで歩くネズミは見たことがない。これからは油断できぬ！」

と、畳をたたいてわめきます。

そこでネズミがいかに遠くまで物を運ぶか、風呂から上がった医者が、孝徳天皇の御代《みよ》、遷都の時にネズミが大移動した故事を語って、家族を助けようとするものの、

「もっともらしくおっしゃいますが、目の前で見ぬことは信じられません」

と、婆。

仕方なく、いろいろ考えた末、〝鼠づかひの藤兵衛〟（ネズミ遣いなんてのがいたんですね！）を呼んで実演させたところ、やっと婆は納得。これで一安心と思いきや、

「この銀は一年、母屋にあったから」

と息子に年利一割五分の利息を要求。

「これで本当の正月が迎えられる」

と隠居所でひとり寝をした、と話は結ばれます。

なんともがめつい、しかし心身共にタフなくそばばあではありませんか。

大晦日なのにひとり、隠居所に籠もって過ごしたんですね。

新編日本古典文学全集『井原西鶴集』三の注には、「隠居して、のこされた人生を金銭だけをたよりに生きる老婆の醜さを、客観的に余裕をもって描いた作品である」とありますが、この婆は、ちょっと認知症も入っていたかもですね。認知症のお年寄りが「あれがない、これがない」と言って、家族が疑われるというようなこと、経験された人は多いのではないでしょうか。

家族の中で持て余される婆の孤独な感じもほんのり漂いますが、なくした銀に加えて利息まで得て、ほくほく気分だったでしょう。

何よりこの婆には自分の財産がある。子や孫に遠慮して、肩身の狭い思いで、狭い家に同居している年寄りと比べればずっと幸せで、言いたい放題、したい放題。漫画『いじわるばあさん』さながらで、醜いどころか、かっこいいと私は思いますね。

ＬＧＢＴということばもない時代、自分の稼ぎで自分の生き方を貫いた同性愛老人

ここまでくそじじい・くそばばあと二分割してきましたが、そのようにきっぱり分けられない人たちもいます。

それが、同じ井原西鶴の『好色一代女』巻四に出てくる「栄《え》耀《えう》願《ねがひ》男《をとこ》」（ルビママ）。

ヒロインの一代女は江戸や京・大坂での勤めも飽きたので、堺で奉公口を探していたところ、

「ご隠居のお寝間《ねま》近くで夜の寝具のあげおろしをするだけ」

という楽な仕事を見つけます。

ところが、彼女を採用した家の姥《うば》は、屋敷に案内しながらこんなことを言います。

「ご主人は嫉妬深い。店の若い衆と話をするのもお嫌いになる」

「奥様が横柄な口をきいても聞き流しなされ。今の奥様ははじめの奥様がお連れになった腰元だったが、奥様亡きあと、ご主人が物好きで奥様にした。成り上がり者のくせにわがままを抜かす」

しかし食べ物は贅沢ができるし、毎日、〝湯風呂〟を沸かしてくれるといいますから『世間胸算用』のドケチ婆さんとは大違いです。

なにしろ堺の大小路から南で、この家から金を借りていない者は一人もないほどの金持ちで、奉公人にはいいこと尽くめ。

「ただし」

と姥は念を押します。

「内輪のことはゆめゆめ外に漏らしなさるな」と。

主人は七十の年寄りと聞いた一代女は、

「そんな〝年寄男《としよりをとこ》〟はこちらのあしらい一つ。縁があって年季を重ねることになったら、隙を見て男でも作って、妊娠したら主人の子ということにして遺言を書かせ、末は楽に暮らしますすよ」

などと喋っているうち屋敷に着きます。

ところが一代女が男と思っていた主人は七十ほどの婆さんだった。

〝かみさまと同じ枕に寝よ〟

という命令があったので、

「お腰などをさするのか」

と思っていたところ、〝かみさま〟が〝男になりて、夜もすがらの御調謔《たはぶれ》〟となります。

〝姥〟の言う〝旦那〟＝ご隠居（〝かみさま〟）は女性同性愛者で、奥様とはその伴侶を指していたのです。

一代女は同性愛のお相手をつとめるために雇われたのでした。

日本の古典文学には男性同性愛は山ほど描かれていますが、女性同性愛がはっきり描かれるのはこの作品と、鎌倉時代の『我が身にたどる姫君』があるくらいです。

その肩身の狭さは「家のことは口外するな」ということばから分かるというもの。

「来世には男に生まれてしたい放題したい」

と言う婆さんも哀れで、そんな同性愛の婆さんを描いた西鶴の見識には感服させられます。

西鶴の小説は現実に取材したものが多いのですが、この話は、数少ない女性同性愛者の貴重な資料と言えます。

気になるのは、

〝我を女にして、おぬしさまは男になりて、夜もすがらの御調謔〟

という表現で、今も同性愛者に「どっちが男役？」などと聞くぶしつけな人がいますが、当時もそういう感覚だったのでしょうね……。

お金があるのに、したい放題できない婆が可哀想でなりませんが、お金があればこそ、女が抑圧されていた時代にも、人に隠れながらもこうした暮らしができたとも言える。世間の常識に迎合せず、自分の稼ぎで自分の生き方を貫いた〝かみさま〟、本当にかっこいいです。

11 昔話のおじいさんとおばあさんは意外と「いい人」が少ない
……一寸法師を厄介者扱い、竹取の翁のセクハラ発言など

前近代の老人の孤独

前近代は三世帯で老人がぬくぬくやっていたというイメージを抱いている方も多いと思うのですが、実はそうでもなかったことは、『昔話はなぜ、お爺さんとお婆さんが主役なのか』に書きました。

そもそも無文字社会では基本的に老人は社会のお荷物で、一九四五年に出版された人類学者のシモンズの本によると、取り上げられた七十一社会のうち、老人遺棄に関して情報のある三十九社会中十八社会が老人遺棄を行っているといいます（青柳まちこ「老いの人類学」……青柳まちこ編『老いの人類学』所収）。

日本に姥捨て伝説が数多く残るのも……実際には姥捨てはなかったとされているにもかかわらず……老人を捨てたいという心理が子にあったり、老人にも捨てられる恐

怖があったりするからこそ、つまりは強い共感を呼ぶ話だからこそ、です。

『舌切り雀』の原話は家族に邪魔者扱いされる二人の婆の物語

前近代の老人の孤独を物語る話としては、『舌切り雀』の原話の一つと思しき『宇治拾遺物語』（鎌倉前期）の『雀報恩事』という説話があります。

意地悪なお婆さんと心優しいお爺さんが主人公の『舌切り雀』と違って、『雀報恩事』は二人の婆の話です。

二人は隣同士で、共に子や孫と同居しており、揃って家族に小馬鹿にされている。

悪ガキどもに石を投げられ腰の折れた雀を、主人公の〝六十ばかりの女〟（原文には〝婆〟の字はありません）が介抱していると、子どもや孫は、

「〝女《をんな》刀《と》自《じ》〟（女主人の敬称）は老いて雀を飼っていなさる」

と言って〝憎み笑〟い、彼女がちょっと出かける時など、雀の世話を頼もうものなら、

「ああなんで雀なんか飼うの」

と〝憎み笑〟います。

このあたり、〝女刀自〟と持ち上げるようでいながら、貶《おとし》めているのが怖いです。

皆がふつうに結婚できるようになる、いわゆる「皆婚社会」が到来するのは十七世紀を過ぎてからで、それすら下人《げにん》や次男・三男以下はまだまだ既婚率は低いままでした（鬼頭宏『人口から読む日本の歴史』）。鎌倉時代にあって、当話の六十女は、子や孫がいるだけ恵まれた階級と言えますし、子や孫のことば遣いにもそれが表れている。

が、形ばかりは大事にしても、心が伴っていないのです。

雀がお礼に空から落としてくれた〝瓢《ひさご》の種〟（夕顔、ひょうたん類の種）を六十女が持ち帰れば、

「まぁ大変。雀の物をもらって宝にしている」

と、またまた〝笑〟う。ところがその種がおいしい実をつけると、

〝笑ひし子孫《こまご》もこれを明け暮れ食ひて〟、

残る実から食べども尽きぬ〝白米〟が出て金持ちになると、隣村の人まで驚いて、大したものだと羨みます。

主人公の六十女はまだまだカラダも元気であるにもかかわらず、家族に持て余され

て居場所のない状態です。それが、雀に親切にしたおかげで利益をもたらしたとたん、居場所ができる。

悲惨なのは隣の女で、彼女は子どもに、

「同じ年寄りでもお隣さんはあんななのに、こちらは大したこともおできにならぬ」

と嫌味を言われてしまう。

それで隣に行って金持ちになったいきさつを尋ねるのです。

ところが主人公のお婆さんはそう簡単に金持ちになった方法を教えない。しつこく尋ねて、やっと事情を聞き出した隣の女は、

「その雀のくれた瓢の種をたった一つでいいからください」

と言いますが、六十女は、

「米などはあげられますが、種はだめです。よそに散らすわけにはいきません」

と言って分けてくれません。主人公は決してお人好しなわけではないんです。

それで仕方なしに隣の女は腰の折れた雀を見つけようとしますが見つからないので、故意に雀をつかまえ腰を折る。それも、

「一羽だけでもあんなに得をしたのだ。ましてたくさんいればどんなに金持ちになる

だろう」

　と、三羽の雀の腰を折る。

　あとは皆さんおなじみのパターンの結末が待っています。

　当然のように、腰を折られた雀らがくれた種の実は富をもたらすどころか吐いて寝込むほどの苦さで、残りの実からはたくさんの毒虫が出てきて、子らを刺した上、当の女のことは刺し殺してしまったのでした。


　以下、『昔話はなぜ、お爺さんとお婆さんが主役なのか』にも書いたことですが、この話には、鎌倉初期の庶民階級の老人の地位の低さが表れています。

　生活は子どもが見ているのでしょうが、子どもの世話になっているだけに、むしろ老夫婦や独居老人よりも、精神的にはつらいでしょう。

　現代の統計でも、福島県のホームページによると、福島の平成十四（二〇〇二）年の自殺者の四割が老人で、その「ほとんどが家族と同居して」おり、「一人暮らしの老人の自殺者は全体の5％以下」といいます。

　この統計の分析によれば、

「お年寄りの自殺者の多くが生前家族に『長く生きすぎた』、『迷惑をかけたくない』ともらしていました。お年寄りは病気がちになったり、体力が低下したり、物忘れが多くなることで心身両面の衰えを自覚し、同居する家族に看護や介護の負担をかけることへの遠慮が生じると考えられます」とのこと。

検死医の上野正彦も、昭和五十一年から五十三年の三年間の老人の自殺の統計をまとめた際、「意外だったのは、自殺に追い込まれた老人の家庭環境別の比較である」といい、最も少なかったのは独居老人、逆に最も多かったのが、

「三世代同居の老人で、全体の六〇パーセント強を占めていた」

といいます。この「意外」な結果を上野氏は、

「当時は、先入観として、家族と同居の老人こそが最も幸せと考えていたが、必ずしもそうではなかった。むしろ同居の中で、信頼する身内から理解されず、冷たく疎外されているわびしさこそが、老人にとって耐えられない孤独だった。これが一番の自殺動機になっていたことを見逃すことはできない」

と分析しています（『自殺死体の叫び』）。

昔話の主人公は賢いくそ爺婆が多い

で、本題に入ると、この『雀報恩事』の六十女もそうなんですが、昔話の主人公って実は意外と善人が少ないんですよ。

というか、お人好しは少ない。

この六十女も、隣の女に、金持ちになったいきさつを聞かれてもすぐには答えないし、種をあげたりはしません。

昔話のルーツが古くなればなるほど、こうした賢さが強調されていて、室町時代の『福富草紙』というお伽話では、おなら芸でリッチになった爺・高向秀武《たかむこのひでたけ》と、失敗した隣の爺（これがタイトルの由来となった福富という名）の話なんですが、秀武は隣の爺におなら芸の秘訣を聞かれると、「朝顔の種をのめばよく屁が出るよ」と嘘まで教えている。朝顔の種は当時、下剤として有名です。それを真に受けた隣の爺は、結果、お殿様（中将）の前で汚物をし散らして、袋だたきにあい、血まみれになった姿を、妻の婆が、錦を持ち帰ったと勘違いするというシュールな展開になっています。

愚かな人まねはしてはいけないということが言いたいのだとしても、おなら芸の爺は意地悪ですよね。

意地悪なのは、この爺だけではありません。

有名な『一寸法師』の室町時代の原話にしても、一寸法師の親である爺婆は、年を取っても子がいないというので、神に祈って得た子だというのに、いくつになっても小さいままの一寸法師を、

〝化物風情〟

とうとましがり、

「あの一寸法師めをどこへなりとも、やってしまいたい」（〝あの一寸法師めを、いづかたへもやらばや〟）

つまりは捨ててしまいたいと思い、口にも出していました。両親からうとましがられていると知った一寸法師は悲観して、自分から家出する。そして仕えた屋敷の姫と一緒に逃亡した先で、鬼から宝を奪って金持ちになるんです。そのやり方も鬼畜というか、姫が昼寝した隙に、姫の口にお供え物の米を塗りたくり、盗みの罪をなすりつけ、姫を継母に追放させるというあくどさ。一寸法師もワルなら、その両親もくそ爺婆だった。これがお伽話の源流なのです。

さかのぼって平安時代の『竹取物語』の翁にしても、竹から見つけたかぐや姫が、結婚したがらないにもかかわらず、

「ここまで大きく養った私の気持ちは一通りではありません。翁の申すことを聞いていただけませんか」

と恩着せがましく言ったあげく、

「あなたは竹から生まれた変化《へんげ》の人とはいえ、女の体を持っているんだから」(〝変化の人といふとも、女の身持ちたまへり〟)

と、セクハラじみたことばで嫌がる姫に婿を取らせようとする。『竹取物語』のルーツの一つは、男が、天降った天女の羽衣を隠して夫婦になる羽衣伝説とされており(拙著『ひかりナビで読む　竹取物語』)、翁のことばのはしばしにはその名残ともいえるエロさが漂っているのです。

乙姫様のくれた玉手箱を開けて爺になった『浦島太郎』にしても、亀を助けたというのは室町後期から江戸初期に改変された話で、『丹後国風土記』逸文(原文は残っ

ていないが、鎌倉時代の文書に残されている）の原話では、釣った亀が美女になってセックスしたという話ですからね。

昔話の爺婆がこんなふうに、決していい人ではなく、『いじわるばあさん』みたいなタイプが少なくないのは、お人好しでは世渡りできないからでしょう。

1で紹介したように、日本神話の英雄が、今の感覚からすると、ズルや嘘つきだったりするのも、時にずる賢さにも通じる知恵の価値が高かったから。

『雀報恩事』の六十女や西鶴文学のくそばばあたちを見ても感じますが、ともすると子や孫に邪魔者扱いされがちな爺婆が生き抜くには、資産が重要です。それを獲得し、かつ守るには、知恵が不可欠です。時には人を疑う猜疑心がなければ、オレオレ詐欺よろしく、人にだまされて取られてしまうことだって、とくに儒教道徳の普及していなかった古代や中世ならあり得ます。

そう考えれば、ケチで狭量にも見える爺婆が昔話の主人公になるのも分かります。

昔のヒーロー・ヒロインはくそ爺婆だったわけですよ。

12

「鬼婆」の正体

……なぜ「鬼爺」ではなく「鬼婆」なのか

狼を率いる婆

『鍛冶屋《かじや》の婆』という民話をご存知でしょうか。

飛脚が山中で狼の群れに襲われ、木に登ると、狼の一匹一匹が前の狼の背に次々乗って「狼梯子《おおかみばしご》」（犬梯子）というものを作り、樹上の飛脚を食おうとする。が、あともう少しのところで届かない。そこで狼どもが「鍛冶屋の婆を呼んで来い」と言うと、大狼が来て襲いかかってくる。そこで飛脚が大狼を切ると、狼どもは逃げて行く。翌日、気になった飛脚が付近の鍛冶屋を訪ねたところ、そこの婆が負傷している。人々が疑いをかけているうちに、婆は行方不明になったというもの。

全国的に広がる昔話で、殺された婆が太陽にさらされると狼の姿になり、床下から本当の婆の骨が発見される、といったバージョンもあります。

また、狼ではなく猫のバージョンもあり、細部は話によって、また地方によって異なるものの、共通するのは、獣たちが次々と肩車をして「梯子」のようなものを作り、逃げる相手を追いつめようとする、その先頭に立つのが婆であるという点です。

身近で、しかも非力なはずの婆が、実は狼の仲間だったり、あるいは狼が婆と入れ替わっていたりという、思いも寄らぬ別の顔を持っているというのが、日常に潜む恐怖という感じで怖いのです。

この民話のルーツの一つとも言える話が平安末期の『今昔物語集』にはあって、そこでは年取った母親が、ずばり〝鬼〟になったと記されています（巻第二十七第二十三）。

猟師の兄弟が山中の木に登って獲物を待ち伏せしていたところ、兄の頭上からもとどりをつかむ者がいる。見るとそれは、老いさらばえた人の手でした。

「これは〝鬼〟が俺を食おうとして引き上げているに違いない」

そう思った兄は、向かいの木にいた弟に合図して、その手を射させます。

すると、手首から射切られ、もとどりにぶらさがったので、その手を持って二人は帰宅しました。

実は兄弟の家には、ふだん〝立居《たちゐ》〟もままならず、兄弟によって〝壺屋《つぼや》〟（三方を壁で囲まれた物置部屋。納戸）に隔離されている老母がいたのですが、兄弟が帰ってみると、その老母が苦しげにうめいている。

「なぜうめいておいでなのです」

と、子らが問うても母は答えない。その時、火をともして、射切られた手首を見てみると、

〝此の母の手に似たり〟

母の手に似ている……。

不審に思った兄弟が、母のいる〝壺屋〟の戸を開けたところ、

〝己等《おのれら》は〟

と言って、母がつかみかかろうとします。

そこで兄弟は、

「これは母上の手ですか」

と、切り落とした手を部屋に投げ入れて、戸をぴったり閉めて逃げ去りました。

間もなく母が死んだので、兄弟がそばに寄ってみると、母の片手は手首から切り落とされてなくなっていた。

それで山中で兄弟を襲ったのは、立ち居もままならぬはずのこの母であることが分かったのです。

『今昔物語集』の編者によれば、

「これは、母がひどく老いぼれて〝鬼〟になって子を食おうとして、あとをつけて山に行ったのであった」といい、

「人の親がひどく年を取ると、必ず鬼になってこうして子をも食おうとするのであった」（〝人の祖《おや》の年痛《としいた》う老たるは必ず鬼に成《なり》て此《か》く子をも食はむと為《す》る也けり〟）

と結論づけています。

この話、あらゆる意味で怖いです。

鬼になった老母より、親が年取ると〝必ず〟鬼になると断言しているところが恐ろしい。

『鍛冶屋の婆』もそうでしたが、これらの話では、襲われた側は大した怪我もなく助

かっているのに、襲った側である婆や老母が大怪我をしたり、放置されて死んだり、行方知れずになったのを捜索もされずに済まされていたりする。

これは一種の「老人虐待」、「介護放棄」でしょう。

『今昔物語集』の老母や『鍛冶屋の婆』の婆は実は認知症で、徘徊したり、我が子のことも忘れたり、感情のコントロールができなくなっていたのではないか。

認知症が進むと、排泄物をこねたり、「異食」といって排泄物を含めた周りのものを手当たりしだい食べてしまうといった症状が出ることがあります。鬼婆になった老母が子を食おうとしたのも、これなのではないか。

そんなふうに、認知症で性格が変わってしまったり、今食べたことも忘れて暴食したりする老人に戸惑った昔の人が、「鬼になった」あるいは「狼と入れ替わった」という理由をつけた……。

あるいは、ひょっとしたら……ですが、介護疲れで親殺しを犯してしまった子らが、自分や周囲を納得させるために、作った物語なのかもしれません。

なぜ「鬼爺」ではなく「鬼婆」なのか

それにしても、いつも思うんですが、こういう老人て、なんで決まって「婆」として描かれるんでしょう？

女のほうが男より長生きするから……と思われるかもしれませんが、出産による女の死亡率の高い前近代、必ずしも爺より婆が長生きとは言えませんでした。

なのになぜ？　と考えるに、一つには昔、とくに平安・鎌倉時代くらいまでは、一夫多妻の通い婚が基本の階層が多かったからではないか。生まれた子は母方で育ち、結婚後もそのままそこに男を通わせ子育てしていた。正妻なら、夫婦で独立して子育てということもありますが、正妻以外の妻だと、母親が実家で子育てをする。今でいうシングルマザーですが、実家にはおばあちゃんや叔母（伯母）さんなんかもいるので、皆で一緒に育てるという感じです。つまりは爺より婆のほうが子や孫にとって身近であった、という理由です。

これにプラス「女性差別」もあるのではないか。

そして同じ女でも、若い女ではなく婆なのは、「子を生めない女は不要」といった女性蔑視の思想が潜んでいるのではないか。

「鬼婆」ということばはあっても、「鬼爺」ということばは聞かないのも、そのためではないか。

そういうことで言うと、『安達ヶ原《あだちがはら》の鬼婆』なんかは、婆差別の観念が詰まっています。

奥州（今の東北地方）の安達ヶ原の黒塚には鬼が棲んでいるという伝説があって、平安時代から歌に詠まれていました。

平安中期の『大和物語』には、歌人の平兼盛が、当時、陸奥国の黒塚にいた友達の源重之の娘たちにこんな歌を送ってプロポーズした話があります。

〝みちのくの安達が原の黒塚に鬼こもれりと聞くはまことか〟

安達ヶ原の鬼婆伝説を踏まえ、美女を〝鬼〟としゃれたのです。〝鬼と女とは、人に見えぬぞよき〟（平安後期『虫めづる姫君』）とも言い、人前に姿を見せない貴婦人を、鬼と重ねる発想が、すでに兼盛の生きた十世紀にあったこともうかがえます。同じ歌は『拾遺和歌集』にもあって、そこでは重之の娘ではなく、妹に送っています。年齢的には妹のほうが妥当で、『大和物語』はこの歌をもとにストーリーを作ったのかもしれません。

ただ、この歌では、黒塚の鬼が、人を殺しているとか食べているといったことは語られていません。

室町時代に作られた謡曲の『黒塚』（十五世紀）はどうかと言えば、旅の僧と供の男が、陸奥《みちのく》の安達ヶ原の野中の一軒家に宿を取ったところ、中年女の歓待を受けます。女は、二人のために山にたきぎを取りに出かけるのですが、その間、

「私の〝閨《ねや》の内〟を見ないでくださいね」

と釘を刺す。

この時点で怪しさ満点。

そしてこうしたパターンの常で、旅僧のお供が閨の中を見てしまうと……そこには、

〝人の死骸は数知らず、軒と等しく積み置きたり〟

無数の死骸が積み重なって膿血《のうけつ》や死臭に満ちている、という惨状が！

二人があわてふためいて逃げると、さっきの女が鬼女の姿で登場。

〝鬼一口に食はんとて〟

追いかけてきたのを、呪文を唱えて仏に祈ると、鬼女は見る見る小さくなって、

〝恥かしのわが姿や〟

という声だけがあたりに響いていた。やがてその声も夜風に消えていった、というところで終わりとなります。

婆と赤子の関係

なぜ黒塚に鬼が棲むとされたのか、詳しいことは分かりません。が、鬼婆が一口で人を食べるとされていたことは『今昔物語集』にも描かれています。


特定の夫もないまま妊娠した女が産気づいたため、召し使う童女を一人だけ連れて、京の粟田山の山中を歩き続け、北山科という所に到着。ふと見ると、山の斜面に山荘風の廃屋があります。女はそこでお産をすることに決め、入って行くと、奥のほうから白髪頭の老婆が一人出てきました。

「咎められるに違いない」

と女が不安に思っていると、予想に反して老婆は愛想良く、お産を手伝ってくれます。

実は女は宮仕えをしていたので、子を生んだらそのまま捨てるつもりでいたのです。が、

「私は年老いてこんな片田舎に住まう身の上、お産の穢《けが》れも厭いませぬ。七日ほどここにおいでなさい」

と婆が親切に言ってくれるし、捨てようと思っていた子も可愛らしい男の子だったので、捨てることができずに、乳を含ませなどしていました。

ところが……二、三日経ったある日、女が昼寝をしていると、横に寝かせてある赤子を見た婆が、

「ああうまそう。ただ一口じゃ」(〝穴甘気《あなむまげ》、只一口《ただひとくち》〟)

と言ったような気がした。それで目を覚まし、婆を見ると、

〝極《いみじ》く気怖《けおそろ》しく〟(物凄く不気味に)

見えるのです。

「これは〝鬼〟に違いない。私はきっと食われてしまう」

そう思った女は、召し使う童女に赤子を背負わせ、自分は身軽になって、

〝仏助け給へ〟

と祈りながら、もと来た道を戻り、人の小家で着替えをしてから、主人の家に行き、生まれた赤子は人に預けて養わせました。養子に出したのです。

その後の婆の消息は不明なものの、この女が年老いてから、「こんなことがあった」と語ったのでした（巻第二十七第十五）。

この話などは、実際には女も赤子も被害を受けたわけではなく、それどころか婆に親切にしてもらったにもかかわらず、妄想で逃げ出したとしか思えません。

婆の〝只一口〟ということばが（婆が本当にそう言ったかは謎で、すべては女の夢の話の可能性もあり、です）、〝鬼〟を連想させたのでしょう。

恐ろしいのは婆よりむしろ、生んだら赤子を捨てようと考えていた女の発想です。

昔の日本は捨て子が非常に多く、明治十二（一八七九）年でも五千人以上いました（沢山美果子『江戸の捨て子たち　その肖像』の紹介する『日本帝国統計年鑑』のグラフより）。当時の人口は三千五百万人ですから、人口当たりで計算すると、二〇〇三年の捨て子の二百七十七倍もいたことが分かります。

捨て子は江戸時代の徳川綱吉の時代に禁止されていたにもかかわらず、明治期にもこれほど多かったのです。

まして捨て子が罪に問われなかった平安・鎌倉時代はどれほど多かったでしょう。『今昔物語集』の女が当然のように子を捨てようと考え、編者もまたそれを非難しなかったのは、捨て子に対する昔の人の罪悪感の薄さを表しています。


『安達ヶ原の鬼婆』型の昔話としては、福島に伝わる『安達ヶ原』（安達ガ原）という話があります。

それによると、昔、病気の姫に仕える「いわて」という名の乳母がいた。胎児の生き肝を飲ませれば姫の病気が治ると医者に言われた彼女は、京都から陸奥国までやって来ます。そして安達ヶ原の石の洞穴を見つけ、旅人を宿まらせては生き肝を取っていました。ところがある日、生き肝を取った女のお守り袋を開けてみると、いわてが昔、乳母になるため別れた娘であることが分かりました。以来、いわては鬼婆となり、泊まった人全員を殺すようになりましたが、京都から来た坊さんのおかげで成仏した、といいます（片平幸三編『福島の民話』）。

悲しい話です。

そして『今昔物語集』の赤子を捨てようとした女の話が連想されます。『今昔物語集』の女は、一軒家に棲む〝鬼〟婆に助けられ、赤子を捨てるのは思いとどまったものの、乳母の仕事をするために我が子を養子に出しています。『安達ヶ原』のいわても、姫の乳母をするため、娘と別れていた。

『今昔物語集』の「被害者」の女とそっくりです。この女も出産経験者ですから、その後、屋敷に戻って乳母として働いた可能性もあります。

鬼婆と、その被害者は紙一重なのです。

被害者も、女一人で子を生まざるを得ず、仕事のために子を預けなければいけない身の上だったし、鬼婆も仕事のためには子と別れなければいけない身の上だった。

つまりは、弱い立場なのです。


それにしても、赤子と鬼婆、妊婦と鬼婆の組み合わせが多いのが気になります。

これらの話は、赤子を生めない婆への差別意識に由来しているのではないか。

そんなふうにも思えます。

『姥捨て山』に捨てられるのはなぜ婆なのか

山に鬼婆が棲んでいるということで言うと、連想されるのが『姥捨《うばす》て山』の婆です。

この「姥」は、乳母とも叔母ともされていて、『古今和歌集』(九〇五)巻第十七に、

〃わが心慰めかねつ更級《さらしな》や姨捨山《をばすてやま》に照る月を見て〃

とあるのは〃姨《をば》〃です。

この歌は『大和物語』によると、信濃国の更級に住んでいた男が、早くに親を亡くしたため、叔母に世話をされていたところが、妻がその叔母を嫌った。叔母が〃老いかがまりてゐたる〃(老いぼれて腰が曲がっている)のを常に憎んでは、男にも叔母の悪口を言っていたので、男もしぜんと叔母を粗末にすることが増えてきた。それで、

「深い山に捨ててしまってよ」

という妻のことばに従って、月の明るい夜、男は「寺で尊いイベントがある」とだまし、とうていひとりでは下りてこられない山の峰に置いて逃げてしまいます。が、長年親のように育ててくれたことを思い出すと、なんとも悲しい気持ちになります。それで一晩中、眠れないまま、この歌を詠んで、叔母を連れ戻したということです(百五十六)。

『姥捨て山』の話は清少納言の『枕草子』にもあって、これによると、四十歳以上の者は殺させていたミカドが、中将の隠していた七十歳近い老親の知恵で国難を救われ、都に老人が住むことをゆるした、といいます（「社は」段）。

こうした説話のもとは『雑宝蔵経《ぞうほうぞうきょう》』（二世紀ころ成立。四七二に漢訳）というインド発祥の経典で、そこに出てくる〝棄老《きろう》〟国が、老人の知恵で国難を救われたため、老人を捨てるのをやめたという話が影響していると考えられています。

つまりは、日本には「姥捨て」の習慣はなかったとされますが、こうした説話が全国に広まった背景には、瀕死の病人を遺棄する習慣（江戸時代の徳川綱吉は捨て子、捨て牛馬と共に、「捨て病人」も禁止しています）があったこと、人々の心にも「老人は厄介だ」「捨てたい」という気持ちがあったであろうこと、が考えられます。

「姥捨て」とは言いますが、昔話の中では爺も捨てられていますし、『雑宝蔵経』の棄老国の話でも捨てられるのは父です。

それでも日本の昔話では捨てられるのは圧倒的に婆が多いのは、古代の日本が母系的な社会だったのが関係しているかもしれません。

とくに新婚家庭の経済は妻方で負担していた古代、経済力のない家の娘には婿のなり手がいませんでした。

それでも、母方の姉妹や叔母が援助してくれる母系的な社会が機能していたころは、親が死んでも何とかなっていたのですが、平安中期から鎌倉時代になると、こうした古代の母系的な社会が崩れてきて、親に死なれた娘は零落し、結婚どころか、死んでしまうことさえあった。

それまでは家・土地は母から娘に伝領《でんりょう》されていたのが、武士の時代になって社会が父系的になると、女の経済力が低下し、連動してその地位も低下します。

それで女性差別も強まっていく。

日本の昔話に出てくるのが鬼爺ではなく鬼婆だったり、爺捨てではなく姥捨てだったりするのは、そうした背景が組み合わさってのことではないでしょうか。

13

前近代の8050問題？『浦島太郎』の真実

……長生きしてもいいことばかりではない

結婚が庶民の憧れだった時代

平安中期から鎌倉時代にかけて、母方の親族同士が助け合う母系的な社会が崩れつつあるのに、新婚家庭の経済は「妻方で担う」という母系社会的な習慣が残っているため、貧しさゆえに結婚できない女や、結婚しても貧しさゆえに夫に捨てられる女が急増し、「独り身女の惨めな老後」を描く文芸が集中的に作られた時期がありました。

平安末期の『今昔物語集』に、貧しい独身女が観音に祈って結婚相手を見つける「婚活」話が多いのもそうした時代背景というのがあるでしょう。

が、武士の時代になって、婿取り婚から嫁取り婚が増えてくると、事情は変わってきます。

結婚できない女より、結婚できない男が増えてくるのです。

鬼頭宏によれば、古代・中世、下人などの隷属農民は独身で終わる者が多く、一般家庭でも次男以下や、戸主のオジや兄弟といった、家を継ぐ立場にない者は、「多くは晩婚であり、あるいは生涯を独身で過ごす者が多かった」といいます（『人口から読む日本の歴史』）。

南北朝・室町時代から江戸時代初期に作られた御伽草子と呼ばれる話の多くが、「結婚してたくさんの子が生まれました、めでたしめでたし」で終わるのは、結婚して家庭を持つことが多くの庶民にとって憧れだったからなのです。

「皆婚社会」と言われるようになる十七世紀から十九世紀でも、下人や農民、都市部の人々の全般で、女より男の既婚率（有配偶率と離死別を合算した率）は低いものでした（鬼頭氏前掲書）。

昔話はこうした現実を反映しており、柳田國男《やなぎたくにお》の『日本の昔話』百六話をサンプルに数えると、老人が主人公であるのは二十八話ですが、そのうち一人暮らしの爺の話は四話（一人暮らしと明記されない単独爺も含めれば九話）。約十四・三％（同約三十二・一％）を占めています。

前近代は一夫多妻だったため、どうしても男があぶれるという事情もあったでしょう。

八十の老母と二人暮らしの四十男

『浦島太郎』や『わらしべ長者』『ものくさ太郎』も、思えば独身男の話ですものね。

面白いのは香川県に伝わる昔話の『浦島太郎』の一バージョンで、漁師をしていた彼は八十の老母と二人暮らし。四十歳になってもまだ独り身のままという設定です。ということは、彼は母が四十の時、できた子なのです。晩婚時代の現代日本を先取りしたようです。

しかも父はおらず、母ひとり子ひとり。

そんな浦島太郎でしたが、ある年、北風が毎日吹いて漁にも行けない年があって、生活が苦しくなってきます。

今も、老親と引きこもりの中年の子の収入が乏しくなって生活が逼迫するというのが社会問題化して、「8050《ハチマルゴーマル》問題」などと呼ばれている。

浦島太郎もちょっとそれに似た雰囲気を感じますが、彼は引きこもりというわけではなく、天候に左右されて、引きこもらざるを得ないのです。

とはいえ、今の８０５０問題の当事者だって、好きで引きこもっている人は一人もいないでしょう。

働きたくても働けない、外に出たくても出られない、結果的に引きこもらざるを得ない、だから苦しい。

浦島太郎の場合、母に年金もありませんから、さぞ貧しい暮らしだったでしょう。かろうじて晴れた日に釣りに行くと、魚は捕れずに亀が釣れます。

亀では食べることもできないので逃がしてやると、龍宮の乙姫様から迎えが来た。そこで三年過ごして帰郷してみると、知る人もなく、老母もとうの昔に死んでいました。

思案に暮れた浦島太郎が、乙姫様からもらった三重ねの玉手箱を開けたところ、一つ目の箱を開けると鶴の羽があり、二つ目の箱を開けると白い煙が出て「爺」になった。三つ目の箱を開けると鏡が入っていたので、それで爺になったことを知り、「不思議なものだ」と見ていると、最初の箱にあった羽が背中にくっついてしまう。そこで飛び上がって母の墓のまわりを飛んでいると、乙姫が亀になって浦島太郎を見に来た。鶴と亀が舞うという伊勢音頭はそこからきたという話です（『日本昔話通観』第二十一巻「徳島・香川」）。

三重ねの玉手箱というのも珍しく、なにやら物悲しい話で、しかも八十の老母と暮らす四十の独身男が結婚もせぬまま爺になってしまうとは、現代人の話のようでもあります。

現代日本で孤独死するのは圧倒的に男性が多いとか。

荻原博子の『騙されてませんか　人生を壊すお金の「落とし穴」42』によれば、二〇一六年のデータだと、孤独死の七割は男性です。

一人暮らしをしている高齢者は女性のほうが多く、男性と女性の比率は一対二であるにもかかわらず、です。荻原氏によると、

「妻と離婚したり死別したりした場合、家事能力が低い男性は、栄養状況や衛生環境が悪化しがちです。しかも、女性のように周囲とのコミュニケーションを上手にとれない人も多く、病気で伏せっていても気づかれず、救急車も呼ばず、そのまま逝ってしまうケースが多いのだそうです」（荻原氏前掲書）

孤独死をすること自体は悪いこととは私は思いません。けれど……以前、「事故物件」のサイトを主宰している大島てるさんのイベントに行ったことがあって、そこで凄く印象的だったのは、殺人事件の起きた部屋は事故からすぐに処理されるため、意外とその後の状態は良い、けれど何日も何週間も発見されない孤独死の場合、体液が床にしみ込み、虫も大量発生して、それはそれはひどい惨状になる、という大島さんのことばでした。

前近代にも、長年、放置していた家で、妻が白骨死体になっていたなんて怪談話はけっこうありますが、これだけ高齢化や少子化や不況が続けば、８０５０問題の当事者に限らず、これからますますそうした怪談めいたことが、現実に起きてくるんでしょうね……。

14　昔の人は短命はウソ！　ヤバい老人クリエイター

芸術家は早熟で早死にというイメージはありませんか？

早熟はともかく、歴史上の天才を見ていくと、早死に……というのは必ずしもそうではない、ということが分かります。

踏まれても笑われても自分を信じた天才　曾禰好忠（生没年未詳）

天才には、生前から評価されているレオナルド・ダ・ヴィンチのような人と、死後に評価が高まるヴァン・ゴッホのような人がいますよね。

平安時代の曾禰好忠《そねのよしただ》は後者の典型です。

死後は、中古三十六歌仙の一人となり、百人一首にも歌が撰ばれています。

〝由良のとをわたるふな人梶をたえゆくへも知らぬ恋のみちかな〟（由良海峡の激流

を渡る舟人が、梶をなくしてゆらゆらと漂うように、先の分からぬ恋の道だよ）

由良の音に、恋の不安でゆらゆら揺れる心を重ねた、ロマンティックな秀歌です。

が、生前の好忠は、そんなロマンティックな歌とは程遠い、〝をこの名〟（バカ者の評判）を取っていました（鎌倉初期の歌論書『無《む》名抄《みょうしょう》』）。

『今昔物語集』によると彼、円融《えんゆう》上皇の園遊会に、招待されてもいないのに押しかけたんです。

歌人の座る幕の内に、かねて招待されていた大中臣能宣《おおなかとみのよしのぶ》、清原元輔《きよはらのもとすけ》ら五人が座わっていると、末席に烏帽子をつけた粗末な狩衣姿の〝翁〟が着座した。

好忠の生没年は分かりませんが、〝翁〟と言うからには相当の年齢、要するに「じじい」だったわけです。そんなじじいの好忠は、係の人に、

「そこに参ったのは〝曾《そ》丹《たむ》〟か」

と問われると〝気色立《けしきだち》て〟、

「そうでございます」

と答えた。〝気色立つ〟とは「気配が外に表れる」「もったいぶった態度をとる」といった意ですが、各注釈書は〝気色ばむ〟の意と受け取り、「憤然とした面持ちで」「むっ

として」等と訳しています。要は〝曾丹〟と呼ばれて、素直に反応したくなかった。なぜなら〝曾丹〟とは好忠にとって名誉な呼び名ではない、彼を貶めるあだ名だからです。

平安後期の歌論物語『袋草紙』によると、丹後掾《たんごのじょう》、つまりは丹後国の三等官だった彼は〝曾丹後掾〟と呼ばれていました。それがやがて〝曾丹後〟となり、〝曾丹〟となった。今でも日本人は、ファミリー・レストランを「ファミレス」と略すなど、何でも短くするのが好きですが、人の呼び名を略すのは失礼な話で（タレントなど人気商売であれば嬉しいかもしれませんが、たとえば田中部長という上司がいたとして、陰で「たなぶ」と呼ぶのはOKでも、面と向かっては言えませんよね）、好忠は、

「いつか〝そた〟と言われるようになるのではないか」

と嘆いていました。要するに好忠はなめられていた。〝曾丹〟は好忠にとって、世間から見た自分の地位の低さを思い知らされる、嫌な呼び名だったのです。

話を園遊会に戻すと、どうもおかしいと思った殿上人が、その日の係の代表者に、

「あの〝曾丹〟が来ているが、〝召し〟によるものなのか」

と聞くと、

「それはないはずです」

と言う。誰に聞いても好忠は呼ばれてないと。そこで本人に問いただしたところ、

「歌詠みどもに参上するよう仰せがあったと承ったので参ったのです。なんで参上せずにおられましょう。ここに参った方々に劣る歌詠みではござらぬ」

と言うではありませんか。「こいつは召しもないのに押しかけたのだ」と気づいた係の代表者は彼を追い立てたものの、頑として立ちません。そこで当時の大臣たちが、

「あいつのえり首をつかんでつまみ出せ」

と命じると、若い軽位の殿上人たちが寄ってたかって引きずり出し、一足ずつ、計七、八回、踏みつけた。逃げ出す好忠を、さらに殿上人の従者らが、手をたたいて笑いながら、放れ馬でも追うように責め立てたので、見る者も大声で笑い合いました。

今なら老人虐待ですが、儒教思想の普及していなかった当時は敬老意識も薄く、年齢差や性差より身分差がものを言いますから、身分の低い好忠は粗末に扱われた。加えていじられキャラというか、なめられていたため、皆の行為もエスカレートしたのでしょう。

普通なら落ち込みますよ。いくら天才でも、いや、天才ほど繊細ですからね。歌《うた》合《あわせ》で負けたせいで鬱になって死んでしまったと伝えられる壬生忠見《みぶのただみ》みたいな人もいるんです。忠見も好忠同様、低い身分で、宮中の歌合に呼ばれても中には入れず、外から参加したあげく、負けて死んでしまったなんて言われています。

低身分の天才の悲劇です。

ところが好忠は違う。呼ばれもしないのに歌人の席に着席し、つまみ出されると、こんなふうに言い返すのです。

「お前らは何を笑うのだ！　俺は恥もない身の上だ。いいかよく聞け。太上天皇が子《ね》の日にお出ましになる。歌詠みどもを召すと聞いて好忠が来て着座する。席にある栗を頰張る。次に追い立てられる。次に蹴られる。それの何が恥だ！」

と言うので、さらに笑われた。

編者は「素性の卑しい者はやはりダメだ。好忠は歌はうまいが、思慮が足りなくて、歌詠みどもを召すと聞いて、呼ばれもしないのに参上し、こんな恥をかいて大勢に笑われ、末代までの語り草になってしまった」と結んでいます（巻第二十八第三）。

同じエピソードを紹介する『大鏡』でも、

「歌は凄くても、〝折節・切り目〟(時と場合)を見て、行動すべきなのに」と評されていて、平安時代にはおしなべて辛口の評価をされている好忠なのですが……。

「くそじじい」的にこんな素晴らしい爺さんはいないのでは? と私は思います。

天才って意外と自己評価が低かったりメンタルが弱かったりで、とくに生前に評価されないと、ゴッホみたいに自殺してしまう人は少なくない。『老人と海』でノーベル賞をとったヘミングウェイみたいに、評価されてすら自殺してしまう人もいます。

必ずしも自殺が悪いわけではありませんが、本人的に苦しいのはつらいし、何とか防ぐことができれば……という思いはぬぐえません。

けれど好忠は違う。

身分の低さも何のその、たとえ評価されなくてもバカにされても、自分だけは自分を信じていた。

これ、天才だけでなく、人間に必要な要素、とくに退職などして、若い時と比べ、社会的評価をされないようになった男性に、必要な要素だと思うんです。

好忠なんか、文字通り踏まれて蹴られて笑われて、そこでキレるというのじゃないですが、反撃している。

彼が、

「俺は恥もない身の上だ」（〝我は恥も無き身ぞ〟）

と言っていることに注目です。

〝恥も無き身〟とは通常「もう恥もない老人」と訳されます。

が、好忠の性格を思うと、もっと広く、好忠の低い身分、それに見合わぬ才能をも含めてのことばである可能性もあるでしょう。

「俺は恥なんか何とも思わない、恥とは無縁の世界で生きてる歌詠みなんだよ！」

というニュアンスがあったと思うんです。

好忠には、当時はもちろん、今の日本人には珍しい、確固として揺るがぬ自己と自信があったんです。

世間からどんなに賞賛されても、癒やされない人もいることを思えば、バカにされても蹴られても、自分を信じることのできた好忠は幸せそのもの。身分や外聞に縛られていた時代の人たちにとっては「残念なくそじじい」だったでしょうが、今思うと、地球上のすべての人類が仰ぐべき「かっこいいくそじじい」にほかなりません。

手元の『平安鎌倉私家集』（日本古典文学大系）で、好忠は堂々の巻頭を飾っています。時系列で並べられているとはいえ、彼の生前に誰が想像したでしょう。

好忠は、爺婆だけでなく、「人の迷惑」や「思惑」を忖度しすぎな日本人が見習うべき「くそじじい」です。

年を取って丸くなったり、世間に合わせたりして生きるのも、本人がいいならそれでも構いません。

でも、身分や狭い世界での常識を飛び越え、年を取っても小さくまとまらず、信じる「自分」の思いのままに行動した好忠のような爺さんが、千年以上も前にいたと思うと、元気が湧いてきます。今現在、日本で尊重されなかったとしても、時が経ち国が変われば評価されることもある、だから胸を張って生きて良し！　と好忠じじいは教えてくれる。

なので、この列伝でも、巻頭に着座していただきたいと思う次第です（時系列ですが笑）。

九十過ぎて現役歌人　道因法師（一〇九〇～一一八二？）

超高齢で創作活動に励んでいた平安時代の人といえば道因法師《どういんほうし》が思い浮かびます。『方丈記』で名高い鴨長明（一一五五～一二一六）の歌論書『無名抄』によると、道因は、七、八十歳になるまで、

「秀歌を詠ませてください」（〝秀歌よませ給へ〟）

と、和歌の神として名高い住吉明神に徒歩で（徒歩のほうが御利益がある）毎月参詣するほど、歌に情熱を注いでいました。

そしてある歌合で、歌人の藤原清輔（一一〇四～一一七七）が判者《はんじゃ》をつとめた際、道因の歌を負けにしたところ、道因はわざわざ判者のもとへ行って、真剣に涙を流しては泣いて恨んだので、歌合の主催者はことばを失い、

「これほど大変な目にあったことはない」

と語ったといいます。

歌合は、右と左に分かれて、歌の勝負を決めるイベント。歌人の腕の見せ所なだけに、みんな物凄く頑張るわけです。が、そこで負け判定が出たからといって、判者に泣いてブーイングするとは、道因爺、歌の道に熱意があるのは分かりますが、実に厄

介、ある意味「歌会荒らし」で、判者にとってはくそじじいでしょう。

このくそじじい、九十歳ころには耳なども遠くなったのか、歌会では、歌を詠み上げる人のもとに人垣をかき分けて行って、脇にぴたりと陣取り、一心に耳を傾けていた。その姿が本当に生半可なものには見えなかった、と。

九十になっても現役で歌会に参加していたこと自体が凄いのですが、そんな姿は当時の人々にも感銘を与えました。

藤原俊成（一一一四～一二〇四）が『千載和歌集』を撰んだ際、道因を優遇して十八首を入れたところ、夢に亡き道因が現れ、涙を流してお礼を言うので、心打たれた俊成はさらに二首を加えたといいます。

本当に歌の鬼だったのです。

道因には、歌への情熱が強過ぎるゆえの、いささか滑稽なエピソードも残されています。

自分の歌が〝傀儡《くぐつ》ども〟（漂泊芸能民）に歌われているのを聞いた歌人の源俊頼（一〇五五～一一二九）が、

「私の歌もここまでに到達しましたよ」と言った。それを伝え聞いた歌人の永縁《ようえん》僧正（一〇四八〜一一二五）が〝琵琶法師ども〟に物を与えて、自分の歌をここかしこで歌わせた。いわゆる「ヤラセ」ですが、世間の人は、「めったにない風流人だ」（〝有難き数寄人《すき》〟）と感心した。さらにそれを聞いた道因は羨ましくなったのか、何も与えず、〝盲ども〟（盲人たち）に、〝歌へ〳〵〟と無理やり自分の歌を歌わせたので、世間の人に笑われた、と（『無名抄』）。

このエピソードを見るたび、私は手塚治虫を思い出します。

手塚治虫が妖怪漫画の『どろろ』を書いたのは、本人によれば、「水木しげる氏の一連の妖怪もののヒットと、それに続く妖怪もののブームにあやかって」のことで、それは、「人一倍負けん気が強」いためだったといいます（手塚治虫漫画全集『どろろ』4あとがき）。

芸術家は、時に子どもじみた負けん気を発揮するのです。

そして、その負けん気がいくつになっても衰えぬ芸への意欲につながっている。

ちなみに先に登場した三人の歌人たち、いずれもかなり長生きです。

源俊頼七十五歳、永縁僧正七十八歳、道因に至っては九十三歳ほどですから。いずれ劣らぬ長寿爺が無邪気にも自分の歌の流行具合を競っている。

最近では勝ち負けを決めない運動会なんてのもあると聞きますが、いくつになっても競争心に燃えるくそじじいたちのパワー、かっこいいです。元気に長生きの秘訣でしょう。


後白河院との若き日のスキャンダルを暴露　待宵小侍従（一一二一～一二〇二？）


待宵小侍従《まつよいのこじじゅう》は、平安末期の宮廷で、華やかな恋愛模様を展開し、秀歌を残した、いわば「最後の王朝」を体現した人です。

彼女の女主人は藤原多子（一一四〇～一二〇一）。近衛天皇と二条天皇と、二代にわたるミカドの皇后となったため、〝二代の后〟と呼ばれる美女です。そんな美女のサロンを支えていたのが待宵小侍従。その呼び名の由来は実に優雅です。

「恋人を待つ宵と、恋人が帰る朝。どちらが〝あはれ〟は深いか？」

という多子のお尋ねに、

〝待つ宵のふけゆく鐘の声きけばかへるあしたの鳥はものかは〟

と詠んだ歌が評判になったから（『平家物語』巻第五）。

「恋人を待っている宵に、鐘の声が聞こえる。ああ、あの人がもうすぐ来る。その心のときめきに比べれば、恋人が帰る朝を告げる鳥の声など、物の数ではない。恋人を待つ宵のほうが〝あはれ〟は深い」と答えたわけです。

女主人の粋な問いかけといい、小侍従の当意即妙な受け答えといい、平安中期の中宮定子と清少納言のやり取りを思わせるような、いかにも王朝的なエピソードではありませんか。

王朝の生き残りのような小侍従の交友関係は、その家集を見る限り、「華やか」の一語に尽きます。主人の多子をはじめ、平清盛の妻・平時子の弟の時忠（一一三〇～一一八九）、清盛の弟の経盛（一一二四～一一八五）、藤原定家の父で歌人の俊成、定家の異父兄で似絵《にせえ》（肖像画）の名手の隆信（一一四二～一二〇五）、以仁王《もちひとおう》を奉じて平家に反旗を翻した源頼政（一一〇四～一一八〇）、多子の弟の徳大寺実定（一一三九～一一九二）……と、とくに異性との、肉体関係を含めた幅広い交際が目立ちます。

このあたりも性に寛容な平安貴族的で、鎌倉武士とは異質な世界がここにはあります。

そんな小侍従らしいエピソードが鎌倉時代の説話集『古今著聞集』には伝えられている。

後白河法皇（一一二七〜一一九二）の御所で、近習《きんじゅう》の公卿三人と女房少々が伺候して雑談していた時のこと。法皇が、

「自分にとって、どうしても忘れられない秘密のことは何かあるか。一つには〝懺悔〟のため、おのおのありのままに申すがよい」

と仰せになった。

小侍従の番になって、

「あなたにはさぞ艶っぽい話がありそうだね」

と人々が言うと、小侍従はふふっと笑って、

「たくさんございますよ」（〝おほく候よ〟）

と答えたというのですから、さすが小侍従、ただ者ではありません。そんな経験豊富な彼女が、

「生涯、忘れられない一件がございます。なるほど罪障にもなりかねないので、御前

にて懺悔しましたら、罪も軽くなることでしょう」

と、語りだした話というのが……。

「ずっと前、ある方から迎えに車を寄越されるということがございました。こちらも心底、思い焦がれていた方なので、ほんとにどうしよう！　と悩んでいるうちに、月が冴えわたり、風が肌寒い中、夜もふけていくので、千々に思い乱れて、心細さもひとしおでした。すると、車の音がはるか向こうのほうからに聞こえてくる。『ああ、あれだわ』と胸をどきどきさせていると、からりと車が門内に入って来たので、ますます心も上の空になってしまって、もうみっともないほど急いで車に乗ったんです。そうして先方に着いて、車を寄せたとたん、御簾の中から薫《た》き物の香りも別格な感じに、いかにもこなれた着こなしで愛しい人が出てきて、車の簾《すだれ》を持ち上げて下ろしますと、とにかく恋しさが先立ちました。立ったまま、着物の上からひしと抱かれて『遅かったじゃないか』と言われたことなど、ことばでは言い尽くせません。そうして、しっぽり愛し合ううちに、秋の長夜も限りがありますから、鐘の音もはるかに響き、鳥の声もすでに聞こえてきたので、睦言《むつごと》もまだ尽きぬまま、朝置く霜よりもさらに消えそうになりつつ起きて別れようとしたところ、車が近づく音がしたので、魂も抜けたようになって、上の空で帰りの車に乗りました。帰り着いても……又寝《またね》をすれば飽かぬ名残を夢に見ることもできたでしょうに、そんな気にもなれず、うっとりするような移り香を形見に臥せって沈んでおりましたところ、その夜に限って、着物を交換していたのを、朝になって取り戻しに来たので、移り香の形見とさえ別れてしまった私の心の内は、どれほどことばを尽くしても、言い尽くせるものではありませんでした」

これを聞いた法皇も人々も興に乗り、

「この上はその相手の名を明かしなさい」

と迫ります。小侍従は、

「どうしてもそれは致しかねます」

と拒んだものの、法皇が強いてお尋ねになるので、またもふふっと微笑んで、

「では申しましょう。覚えてはおられませぬか。君のご在位の時、その年そのころ、誰々を使いに私をお召しになられたこと、よもやご否定はできますまい。申し上げたことに何か間違いはあったでしょうか？」

と答えたではありませんか。

なんと、小侍従の忘れられない情事の相手とは後白河法皇その人だったのです。

一座はどよめき、さすがの法皇も耐えられなくなって、その場を逃げ出したという
ことです（巻第八）。

長々とほぼ逐語訳しました。

筋金入りの色好み、くそばばあのパワー炸裂です。

後白河の在位は一一五五年から一一五八年。二十九歳から三十二歳のあいだですか
ら、六歳年上の小侍従はそのころ三十五から三十八歳。大人の恋です。

小侍従はその後も恋を楽しみ、死の間際まで親しくつき合った源頼政などは、ある
時など、清盛の弟の忠度《ただのり》（一一四四〜一一八四）と小侍従の噂を聞いて、

「ご寵愛を受けておいでのようで、けっこうなこと」

と嫉妬してきた。それに対する弁明の歌が、小侍従の私家集には載っています。曰
く、

〝よそにこそむやの蛤踏見しか逢とは蜑《あま》の濡衣としれ〟

「忠度からの手紙は見たけど逢ってはいない、濡れ衣です！」というわけです。

この歌が詠まれたのがいつのころかは分かりませんが、『小侍従集』には〝あはの

かみたゞのり〟（阿波守忠度）とあります。忠度は薩摩守として有名ですが、いつ阿波守だったかは調べられませんでした。ただ、『忠度集』にも、「この世ははかないことなど小侍従に申しましたところ、山里に籠もったと聞いて、申し送りました」（〝世のはかなきことなど、小侍従に申して侍りしほどに、山ざとにこもりぬとききて申しおくり侍りし〟）という詞書《ことばがき》のついた歌があって、これがなかなか意味深なのです。曰く、

〝あやなしや世をそむきなば忍べとは我こそ君に契りおきしか〟

「理不尽だなぁ、出家したら、自分のことを思い出してほしいとは、私のほうがあなたと約束したのに、あなたに先を越されてしまった」の意でしょう。だとすると小侍従が出家後の歌ということになる。彼女は六十歳ころに出家したといいますから（女人和歌大系第二巻所収『小侍従集』）、一一八一年以降のことでしょう。

思うにこんな約束をかわしていたのは、それ以前につき合いがあったからではないか。

その時期を平家の全盛期と仮定すれば、一一六六年から一一七〇年代のことでしょうか。そのころ小侍従は四十六歳から五十代。忠度は小侍従より二十三歳年下ですか

ら二十三から三十代にかけてでしょう。『源平盛衰記』によれば、小侍従は十八歳年下の実定とも男女関係があり、呼び名のもととなった歌も実定を待つ心持ちを詠んだものと伝えられています（巻第十七）。

後白河といい忠度らといい、小侍従は年下キラーだったのでしょうか。もっとも源頼政は十七歳年上ですから、要するにモテる女だったのでしょう。若いころはめちゃモテて、婆になったら色懺悔。理想のくそばばあです。

そんな小侍従を愛した頼政は、平家に反旗を翻したものの、一一八〇年、敗れて自害。

頼政軍を破った平忠度は一一八四年、源氏との戦いで命を落とします。

共に歌人としても有名で、頼政などは、当時の歌壇の大御所の俊成に、

〝今の世には、頼政こそいみじき上手なれ〟（『無名抄』）

と評されたほどです。

小侍従はそんな男たちと交わりながら、一二〇二年に至っても、八十を超え、なおも歌会でこんな歌を披露しています。

〝思ひやれ八十《やそ》ぢの年の暮なれば如何計《いかばかり》かは物はかなしき〟（『千五百番歌合』）

八十路の年の暮れの私の悲しみ、それがどれほどのものか、想像できますか……とうたった小侍従の心には、何が去来していたのでしょうか。

女主人の多子は、前年の一二〇一年、六十二歳で死去。平家を滅ぼし鎌倉幕府を打ち立てた頼朝も一一九九年に死んで北条氏の世となって……王朝がますます遠ざかる中、一二〇五年、『新古今和歌集』が成立。そこにはすでに故人となっていた小侍従の〝八十ぢ〟をはじめ、後白河法皇、徳大寺実定、源頼政らの歌が、仲良く収められています。

特殊スキルが老後を助けた乙前（一〇九一～一一七四）

「職人肌」と言うと男のイメージがありますが、女の職人肌だって昔からいた、と教えてくれるのが、平安末期の乙前《おとまえ》です。

乙前は後白河院に今様《いまよう》を教え、重んじられた傀儡女《くぐつめ》。

傀儡女とは、定住せず、歌や色を売って諸国を流浪する芸能民です。いわば社会の底辺にいた乙前は、当時の日本で最も高貴な後白河院の歌の師匠になったのです。それも六十七歳という高齢（院は三十一歳）で。

それがなぜ分かるかというと、ほかならぬ院が書き残しているから。

院は今様と呼ばれる流行歌に没頭し、自ら歌詞集と口伝集《くでんしゅう》で成り立つ『梁塵秘抄《りょうじんひしょう》』を編纂しました。その大半は失われてしまったのですが、歌詞集の巻第一の断簡と巻第二が残存し、貴重な史料となっている。そして口伝集は巻第一断簡と巻第十が伝わっており、この巻第十に、乙前との出会いが綴られているのです。

それによると院は十代のころから今様にはまり、今様の名人はもちろん、今様をうたうとさえ聞き及べば、身分の上下を問わず、共にうたって研鑽に励んでいました。

そんな院が今様の達人として名高い乙前の歌を「何とかして聞きたい」と願い続けていたところ、保元二（一一五七）年、信西入道《しんぜいにゅうどう》のつてで、乙前にコンタクトを取ることに成功します。

ところが乙前は、

「そうしたこともしないで久しくなって皆忘れてしまいました。しかも見た目もあまりに見苦しうございますので」

と言って参上しません。それを何度もせっついたところ、やっと乙前は参上するもののの、人前に出てこようとしません。そこで、人払いをして、院がふだんいる所に招き入れ、歌の談義から始まって、互いにうたい、夜が明けるまで過ごしました。その夜、〝契りて〟（師弟の誓いを立てて）、御所に部屋を与え、さまざまな今様を、知らない曲からすでに知っていた曲まで、院は習ったのでした。

以後、院は、乙前が死ぬまで、良き弟子であり続けます。

院によれば、乙前は高齢になっても〝いまだ強々《つよつよ》しかりし〟（丈夫であった）といい、異常もなかったのが、八十四歳の春、発病し、ほどなく危篤に陥ります。丈夫な人ほど、死ぬ時もあっという間なのですね。すると院は、自らお忍びで彼女を見舞い、成仏するよう法華経を読んで聞かせる。さらに、

「歌を聞きたいか？」

と問うと、乙前は喜んで〝急ぎうなづ〟いたので、

〝像法《ざうぼふ》転じては　薬師《やくし》の誓ひぞ頼もしき　一度《ひとたび》御名《みな》をきく人は　万《よろづ》の病《やまひ》無《な》しとぞいふ〟

と、今様を二、三べんうたって聞かせました。

「これを承ったので命も助かることでしょう」

と手をすって泣く泣く喜ぶ乙前に、院は心打たれて帰宅。間もなく乙前が死ぬと、院は彼女のために五十日間、仏のお勤めをして、命日には法華経一巻を読んだあと、

「歌を経よりもありがたがっていた」

と思い、乙前に習った今様等々をうたって、菩提を弔ったのでした。

その後も命日には必ず今様をうたって供養した、と、院は口伝集に綴っています。

天皇家の人にここまでしてもらえる芸能人というのは、後にも先にも乙前以外にいないのではないでしょうか。

院がここまで乙前を重んじていたのは、老醜を理由になかなか会おうとしなかった職人肌なところ、言ってみれば頑固ばばあなところが気に入ったのかもしれません。何よりプロとしての乙前の姿勢に心酔していた、というのもあるでしょう。

以下、『昔話はなぜ、お爺さんとお婆さんが主役なのか』でも紹介したエピソードですが、口伝集の巻第十には、傀儡女同士の嫉妬やプライドのぶつかり合いがうかがえる事件が描かれています。乙前の前に、院が少し今様を習っていた〝さはのあこ丸〟

という傀儡女が、乙前の今様は「正統ではない」と言い出したのです。

そこで、あこ丸とどちらが正統か決着をつけるため、今様の始祖の系譜にある〝小《こ》大進《だいしん》〟という傀儡女を、今様の聖地である美濃の青墓《あおはか》の宿《しゅく》から院の御所に呼び寄せうたわせたところ、乙前の正統性が証明されたのでした。

敗れたあこ丸は自信があったのでしょう、〝腹立《だ》ちして〟、小大進の背中を強くぶって、

「良いとかいう歌をまたうたいなさいよ」

と、憎まれ口をたたきます。

相手の挑発を「良い機会」とばかりにとらえて地位を確立した乙前といい、院や貴顕の前でも、あくまで負けを認めぬあこ丸といい、傀儡女たちの自己主張の強さと気丈さは目を見張るものがあり、双方、くそばばあの面目躍如たるものがあります。

口伝集の巻第十にはまた、当時の貴族が芸能に注いだ情熱も記されていて、西行《さいぎょう》の母方祖父の源清経《きよつね》は、今様の正統な継承者である〝目井《めゐ》〟という傀儡女と夫婦になることで今様を吸収し、自身も弟子を持ち、明け暮れ弟子を責め立ててはうたわせていました。夜は眠気を覚ますため、外に出て水で目を洗ったり〝睫毛《まつげ》を抜きなど〟しな

がらうたい明かすという、度過ぎた熱心さに、才能を見込まれて目井の養女となった乙前が、

「異常だよ。夜が明ければ蔀《しとみ》を上げ、暮れれば下ろすのが普通のこと。不愉快だし、うるさいよ。たまには普通にしなさいよ。うっとうしい」

と意見すると、清経は、

「なんでそんなふうに歌を憎むんだ。若い時はそれでもいいだろう。年老いて注目してくれる人もいなくなった折、歌というのは年取らないからね、歌をお好みになる高貴な方でも現れて、歌の節がおぼつかない時にでも、誰それが知っているらしいと言って探しに来る人もいるだろうに。歌を知っていればこそ、老いの末にはそんなふうに生きていくこともできるだろう」

と言った。

「歌に精進することが老後の暮らしの保証にもなる」

と、清経は主張したわけです。

院に探し出されて、清経が言った通りになった乙前は「よくぞ申したことでした」と、院に歌を教えた時、述懐したのでした。

頑固ばばあでも老醜ばばあでも、一つの道を極めれば、自分を助ける糧になる。

何より、身分制の強固な平安時代にあって、年齢はもちろん、身分さえ超えるつながりを持てたのですから、一流の芸は最強です。かっこいいくそばばあは一日にしてならず、若いころからの精進が大切ということですね。

七十二歳で流罪になっても創作に励んだ世阿弥（一三六三〜一四四三？）

〝老人の物まね、この道の奥義なり〟（『風姿花伝《ふうしかでん》』）

と言った世阿弥《ぜあみ》は、老人に関して面白いことを書いています。

「物まねには、対象に似せないようにする次元というのがある」（〝物まねに、似せぬ位あるべし〟）と。

「そのものずばりになり切る次元に入れば、もう似せようと思う心もなくなる」（〝その物にまことに成り入《い》りぬれば、似せんと思ふ心なし〟）

その一つが老人の物まねで、老人を演じるには、老人の心になり切ることが大切と、世阿弥は説きます。

老人の心とは何かというと、

〝何事をも若くしたがるものなり〟

というこ と。

「にもかかわらず、力がなく、体も重く、耳も遠いので、心ははやれど、動作が追いつかない」（〝さりながら、力なく、五体も重く、耳も遅ければ、心は行《ゆ》けども振舞のかなはぬなり〟）

「この道理を知ることが、本当の物まねである」（〝この理《ことわり》を知る事、まことの物まねなり〟）

というのです。

なので老人を演じる時には、

「年寄りの願望通り、若々しく振る舞うべきだ」（〝年寄の望みのごとく、若き風情をすべし〟）

「これは年寄りが若さを羨む気持ちや風情をまねることなのである。年寄りはどんなに若々しく振る舞っても、ワンテンポ遅れる、それがどうしようもなく、思い通りにいかないわけである」（〝年寄は、いかに若振舞《わかぶるまひ》をすれども、この拍子に後《おく》るる事は、力なく、かなはぬ理なり〟）

こうした年寄りの気持ちになり切って演じることこそ、本当の物まねであり、演技に〝花〟が咲くというのです。

要するに、老人を演ずるには、いかにも老人ぽくしてはいけないのです。

さすが世阿弥ですね〜、鋭すぎます。

『風姿花伝』の成立は一四〇〇年以降ですから、同年の時点で世阿弥はまだ三十代後半なんですが、その観察力で、老人の何たるかを見抜いている。

そうなんです。

年寄りは年寄りっぽく見られるのをいちばん嫌うものです。

だから、若々しく見せるため、ファッションや動作を心がける。それが時に「若作り」と言われるようなものになってしまうのが、老人の悲しいところで、こういうこと、年を取るにつれ、身を以て分かってきました。

そんな世阿弥は、美少年アイドルとして有名になった人で、十二、三歳で将軍足利義満や当代一の文化人二条良基《にじょうよしもと》を魅了、十六歳のころには祇園会《ぎおんえ》で義満と一つ桟敷《さじき》に同席し、将軍が〝乞食所行〟である〝散楽《さんがく》（猿楽《さるがく》）者〟を〝賞翫〟し、近くに仕えさせることの〝奇〟（異常さ）に世間は〝傾〟（首を傾げた）（『後愚昧記』永和四年六月七日）と批判的に記されるほどでした。

『太平記』なんかを読んでも、当時の猿楽（能狂言）というのは、実にアクロバティックで、七、八歳の少年が、

〝高欄に飛び上がり、左へ回り右へめぐり、はね返っては上りたるありさま、まことにこの世の者とは見えず〟（巻第二十七）

というエキサインティングなものでした。観客も、

〝あらおもしろや、堪へがたや〟

と〝をめき叫びける〟という大興奮ぶりで、その騒ぎで桟敷が倒壊し、将棋倒しになった人々の死者が〝数を知らず〟という有様。

今で言うならジャニーズのコンサートにまさるとも劣らない、ちょっと昔ならビートルズ来日時にも匹敵するほどの熱狂ぶり。

早い話が、世阿弥はジャニーズのような美少年タレントとして人気を博し、将軍様に愛されていたわけです。

しかも彼は演技がうまい美少年というだけではありませんでした。確認されているだけでも二十一種の能楽論、世阿弥作と分かっているだけで五十曲近くの能の作詞作曲、推定となれば百曲近くの作品を手がけ、その多くは今も「世阿弥当時と同じ詞章のままで盛んに演じられて」（表章「世阿弥と禅竹の伝書」…表章・加藤周一校注『世阿弥 禅竹』所収）います。

作詞作曲もやるわ、理論家でもあるわ、後進の指導もするわ、まぁ天才だったわけです。

その天才ぶりと旺盛な意欲は、爺になっても変わりません。

世阿弥は知られているように、永享六（一四三四）年、七十二歳で佐渡島に流罪になってしまいます。理由は不明で、七十四歳までは在島していたことは分かるものの、許されて帰京したかも不明です。

若いころは美少年で鳴らし、将軍と同じ桟敷で祭見物したほどの男が、老いの果てに流人生活とは不運な……と、はた目には見えるのですが、世阿弥はそんな暮らしの中、娘婿の金春禅竹《こんぱるぜんちく》に〝鬼の能〟についてアドバイスしたり、七十四歳の時には佐渡をモチーフにした『金島書《きんとうしょ》』という小謡《こうたい》曲舞《くせまい》集を書いているんですよ。

そこでは、

「ああ面白い佐渡の海、見渡す限りの天地自然は無言のうちに自らを語り尽くしている。その名を問えば佐渡という、この黄金の島は妙なる所だ」（〝あら面白や佐渡の海、満目青山《まんもくせいざん》、なををのづから、その名を問へば佐渡といふ、金《こがね》の島ぞ妙《たへ》なる〟）

と、佐渡島をうたい上げ、ラストは、

「後世の人は見ることだろう。黄金の島で書き残した筆の跡を、長く朽ちせぬしるしとして」（〝これを見ん残す金の島千鳥《しまちどり》跡も朽ちせぬ世々《よよ》のしるしに〟）

という一首で締めくくる。

まさに、

〝命には終りあり、能には果てあるべからず〟（世阿弥『花鏡』）

高齢で流罪にあうという不運に見舞われながら、創作活動を続けた世阿弥の視線の先には、終わりのない芸の道が燦然と輝いていたのでしょう。同時に、曾禰好忠にも通じる、自分を信じて進むタフな心があった……。天晴れくそじじい、ビバくそじじい！　それ以外にことばはありません。

自分の葬儀のシナリオを用意した四世鶴屋南北（一七五五〜一八二九）

私、江戸文学でいちばん好きなのが『東海道四谷怪談』です。

ここに出てくる悪役・伊右衛門《いえもん》の母・お熊がとんでもない意地悪ばばあ、悪い意味でのくそばばあなんです。自分も婆のくせに、後妻に入った相手の爺のことを、

〝この挑灯《てうちん》ぢゝいめが〟

と罵倒し、まだ五つか六つの義理の孫を行商に出した上、稼ぎが少ないと言っては、

〝この餓鬼は〟

と、つねる。

〝挑灯ぢゝい〟のチョーチンとは小田原提灯のことで、役立たずの男性器を言います。

「このインポじじい！」

と罵ったわけです。

四世鶴屋南北がそんなファンキーなセリフに満ちた『東海道四谷怪談』を発表したのは七十一歳という高齢です。

南北が七十五で死ぬ間際まで精力的に作品を書き続けたことはよく知られた話ですが、南北の何が素晴らしいって、『寂光門松後万歳《しでのかどまつごまんざい》』と題する自分の葬式のシナリオ

まで用意していたことです。

中身を説明すると、まず冒頭には、

〝菩提所は本所押上春慶寺〟

とあり、以下、舞台の小道具や演出が説明してあります。

そして、南北のセリフが、

「略儀ながら、狭うはございますれど、棺《ひつぎ》の中からこうべをうなだれ、手足を縮め、お礼申し上げ奉りまする」等々と記され、続く「ト書き」には、

「これを聞いた施主の人々、さては仏に魔が差したか、あるいは蘇ったか、と、顔を見合わせて考え込む。この時、住職、棺のそばに立ち寄って合掌して」

といったことが事細かに書かれている。さらに、

「棺が砕けて、中から南北、額に〝ごま塩〟（死者の額につける三角の紙）を当て、経帷子《きょうかたびら》で棺桶の底をポンポンと打ち鳴らし」

といった具合に、亡者の南北が一人芝居をして舞い納めたあとは、家主の挨拶で葬礼を出すくだりまで、実に懇切丁寧に説明してあります。

かくて実際に、一八二九年十一月二十七日、南北が死ぬと、翌年正月十三日、南北のシナリオ通り、本所押上の春慶寺で葬儀が行われ、江戸三座の役者は残らず麻上下《あさがみしも》で野辺送りに出て、参列者には餅菓子と共に、生前、南北の書いたこの正本《しょうほん》（脚本）仕立ての摺本《すりほん》が配布されたといいます（『鶴屋南北全集』第十二巻解説）。

ウケるのは、これだけではなく、南北が三回忌用のシナリオも用意していたことです。

『極らくのつらね』と題するその脚本には、すでに亡者となった南北が歌舞伎の『暫《しばらく》』をもじって現れ、

「『暫』でおなじみの隈取ならぬ皺面《しわづら》の自分は、人まねばかりの無学文盲で学才もなく、書く作品は仏だ葬式だといったことばかり、その報いで今は自分の葬式となった」

と。

で、往生後も退屈紛れに地獄に遊びに行って、閻魔王にせがまれて『暫』を演じたあげく、地蔵菩薩に、

「棺桶が出ないと南北らしくない。葬礼の『暫』は聞いたことがないからそれが見たい」

とせがまれ、そのリクエストに応えたという滑稽な作りになっています。

『戯作者小伝』（一八五六）によれば、南北は、

〝うまれつき滑稽を好みて、人を笑はすことをわざとす〟

と伝えられています。怪談で有名な南北ですが、根はお笑い好き、サービス精神の塊《かたまり》だったのです。

その出身階級の低さから立作者《たてさくしゃ》（歌舞伎の芝居小屋に専属する作者の筆頭）になったのは四十九歳と遅かったものの、七十五歳で死ぬぎりぎりまで多くの作品を書き上げたあげく、死んだあとまで人を楽しませようとするとは、理想のくそじじいではありませんか。

百十歳まで描き続けるつもりだった葛飾北斎（一七六〇〜一八四九）

葛飾北斎も、世間体や常識にとらわれず、我が道を行ったくそじじいです。

彼と交流のあった人々に取材した飯島虚心の『葛飾北斎伝』によれば、晩年の北斎は、同じく絵師である三女の〝阿栄《おえい》〟と二人暮らしで、共に料理もせず、三度の食事

も隣の酒店から調達していました。家には土瓶と茶碗が二、三あるのみ。食べ物も食器に移すことなく、竹の皮や重箱から、箸も使わず、じかにつかんで食べ、ゴミはほったらかし。こうして〝汚穢極まれば〟引っ越すことを繰り返していたため、〝生涯の転居、九十三回。甚《はなはだ》しきは一日三所に転ぜしことあり〟という有様で、〝常に赤貧〟でした。

そんな生活の中、画業に対する情熱は老いても増すばかりで、有名なのが、七十五歳で出した絵本『富嶽百景』（一八三四）初編の「跋」です。そこには、

「七十までに描いた画は取るに足るものはない。七十三歳でやや禽獣虫魚の骨格や草木の出生を悟り得た。ゆえに八十歳になればますます進歩して、九十歳にはさらに奥義を極め、百歳になればまさに〝神妙〟の域に達しようか。百十歳を過ぎれば、一点一画、生けるがごとくなるだろう」

と、ある。〝老年に至りても、勉強刻苦、画法を研究〟していたといい、九十歳で臨終の際は、

〝天我をして十年の命を長ふせしめば〟

と言ってから、しばらくして、

〝天我をして五年の命を保たしめば、真正の画工となるを得べし〟

と言い終えて死んだといいます。

「天が私にあと十年、せめて五年の命を与えてくれたら本物の画工となれたのに」

というわけです。

酒は飲まず、大福餅をもらって大喜びする甘党の北斎は、死の前年まで〝気力青年のごとく〟画を描き続け、病床につくと、門人や旧友が〝看護日々怠りなし〟という中で死にます。

葬式はやはり門人や旧友たちが金を出し合って行ったという、これ以上はない、理想の死に方と言えます。

ちなみに北斎の娘の阿栄も父に劣らぬ変人で、彼女は絵師と結婚したものの、相手の絵の下手なところを指を差して〝笑ひ〟(『葛飾北斎伝』)などしたことがもとで離婚。その後は父と同居し、父の死後は兄弟の家にいたものの、兄弟の嫁とは不仲で、常に、

〝妾は、筆一枝あらば、衣食を得ること難からず。何ぞ区々たる家計を事とせんや〟

と言っていた。

「私は筆一本あれば、衣食を得ることは難しくない。なんでちまちました家事などやっていられるか」

というわけです。

門人の〝露木氏〟によると阿栄の気性や言動は父の北斎とそっくりでしたが、ただ違ったのは〝少し酒を飲み、煙草を喫すること〟。

ある時、父の描いた画に煙草の吸い殻を落としてしまい、以来、禁煙を決意したものの、しばらくするとまた昔のように吸いだした。

商家や武士の娘の門人もいて、のちには出張教授もしていたのですが、ある日、出て行ったまま行方知れずとなり、そのまま帰って来ることはなかったといいます。

〝余の美人画は、阿栄におよばざるなり〟と父北斎も認める才能の持ち主であった阿栄……。

男尊女卑の時代にあって筆一本で生きようとした阿栄が偉いのはもちろんのこと、娘を家事で煩わせることなく、その才能をはぐくんだ北斎の偉大さがしのばれます。

老妻に手こずりながら盲目になっても書き続けた曲亭馬琴（一七六七〜一八四八）

北斎と親しく、その挿絵も描いていた曲亭（滝沢）馬琴も八十二歳の長寿を保ち、視力がなくなった晩年は息子の嫁の路《みち》に口述筆記をしてもらいながら、七十五歳で『南総里見八犬伝』（一八四一。刊行は一八四二）を完成させたことで知られています。

これがまたくそじじいで、馬琴の日記には嫁の〝おミち〟が頻繁に登場、彼女に頼み事をしたり、その身を案じる一方で、妻の〝お百〟のことは良いふうには書かれていません。

たとえば天保九（一八三八）年、馬琴が七十二歳、妻は七十五歳（妻が三歳上なんです）の四月二十日の日記には、

〝この節、お百事に付、娘ども苦労いたし、かれ是心配〟

とあります。妻のお百は、娘たちをも悩ませていたらしい。そして、

〝皆是、我不徳の故〟

と言い、

〝お百をあしかれと思ふにあらず〟

とも言い訳していいます。

晩年の馬琴は老妻とうまくいっていなかったんです。さらに閏《うるう》四月十日には、〝夜に入、お百、又、予に対して怨言をのべ、捨身すべしなど云〟

夜に入ると、妻のお百がまたしても馬琴に恨み言を述べ立て、「投身自殺する」などと言いだしたというから穏やかではありません。しかも〝又〟の一字でそれが常態になっていたことが分かります。対する馬琴は、

〝夫婦七十餘歳に至れば、餘命幾かあるべき。無益の怒りに心を労する事なかれ〟

夫婦も七十歳を超えれば余命幾ばくもないのに、無益な怒りで心を消耗するのはやめようよ、万事は〝我不徳〟（私の不徳）のなすところだよ、と、教え諭します。けれど、妻はまったく受け入れず、ただ怒りが一時的に収まっただけ。

〝女子、小人の養ひがたきは、聖人すらしかり。況《いは》んや、凡夫のわれら〟

と、聖人ですら女と小人物は扱いにくいもの、まして我ら凡夫は……と、馬琴は嘆いています。


何が妻のお百をこれほど怒らせているのでしょう。

その主たる原因は、嫁の路への嫉妬ではないでしょうか。

馬琴の日記を見ていると、路、路、路、と、路のことばかり。

これではお百でなくても、「お前の頭の中は路のことしかないのか！」と叫びたくなります。

路は文化三（一八〇六）年生まれ。馬琴よりは三十九歳、馬琴の妻のお百より四十二歳年下です。路の夫で、馬琴の息子の宗伯（一七九八〜一八三五）は路より八歳年上で、二人は一男二女をもうけるものの、路が三十歳の女盛りの時に、夫は三十八の若さで死んでしまいます。

路はその後も馬琴と同居、天保十一（一八四〇）年、視力低下が進む馬琴のために口述筆記が始まります。

時におみちは三十五、馬琴の妻のお百は七十七歳でした。

馬琴にとっては妻のお百が悪い意味でのくそばばあでしょうが、お百にしてみたら、そばでいちゃいちゃやられるようで、腹立たしいことこの上なく、このエロくそじじいが！　という気持ちだったでしょう。

何よりこんな日記を書かれ、悪妻の名を後世に残されたんですから……。

そんなお百も翌年、七十八歳で死去。

馬琴はその七年後、八十二歳で死没します。

路は、馬琴の日記を引き継ぎ、路が体調を崩したあとは、馬琴にとっては孫娘に当たる次女のさちが引き継いで、安政五（一八五八）年、路が五十三歳の若さで没した年の末まで日記は書き続けられます。

妻で苦労した馬琴ですが、その事績は、嫁や孫娘といった女たちに受け継がれていく。

『八犬伝』の気丈なヒロイン伏姫《ふせひめ》は室町時代の里見氏がモデルと言われていますが、実際のキャラクターは、こうした馬琴の身の回りの女たちが投影されているのかもしれませんね。

五十二歳にして初婚、三度結婚した遅咲きじじい　小林一茶（一七六三〜一八二七）

〝我と来て遊べや親のない雀〟（『おらが春』）

で名高い小林一茶の初婚は五十二歳、しかもセックス日記のようなものを書いていました。

前近代の庶民階級は、次男以下は結婚できなかったり、婿養子に出されたりすることは知られていますが、一茶は長男です。

にもかかわらず、この年まで結婚できなかったのは、継母や異母弟との相続争いがあったからでした。

一茶が、父の発病から葬儀・初七日までを日記仕立てで綴った『父の終焉日記』によると、幼くして母を亡くした一茶のもとに継母が来て以来、一茶は地獄のような日々を送っていました。とくに異母弟・仙六が生まれると、朝から晩までお守りをさせられ、仙六がむずかれば「わざとやった」と父母に疑われ、杖でぶたれることは、一茶曰く〝日に百度、月に八千度〟という虐待を受けていた。

唯一の支えは祖母でしたが、彼女が死ぬと、継母との関係悪化を案じた父によって、一茶は十五の若さで江戸へ奉公に出されてしまいます。

こんな具合ですから相続がうまくいくはずもなく、一茶が三十九の折、父が死ぬと、継母や異母弟ともめ続け、母方の親族の立ち会いのもと、仙六と屋敷を半分に分けることで解決したのは実に十三年後。一茶が五十二歳になった春のことでした。

その二ヶ月後、一茶は初めて所帯を持ちます（妻は二十八歳）。相続が決着するまでは結婚もままならなかったわけです。

が、五十四歳という高齢で生まれた長男は一月足らずで死んでしまい、五十六歳で長女さと誕生。しかしさとも翌一八一九年、死んでしまいます。有名な句集『おらが春』はこの一年間の句文集です。その後も、次男と三男が立て続けに生まれるものの、死去。妻も死んでしまい、六十二で娶った二人目の妻（三十八歳）とは三ヶ月足らずのスピード離婚。六十四歳で三人目の妻（子連れの三十二歳）と結婚するものの、翌年、一茶は六十五歳の生涯を閉じます（矢羽勝幸校注『一茶　父の終焉日記・おらが春　他一篇』一茶年譜による）。

五十二歳から六十五歳の十三年間、結婚三回、もうけた三男一女はすべて二歳以下で死去。一茶の死後生まれた次女だけは、明治六（一八七三）年、四十六歳まで生き延びます（小林計一郎『小林一茶』）。

苛酷な人生ですが、一茶は、その苦しみをすべて文芸にして吐き出していました。自分を苦しめた継母や異母弟は、

〝皆、貪欲・邪智〟

と、敵意むき出しで罵る。

当時、高価だった砂糖を欲しがる病床の父に、継母が、「これから死ぬ人にはムダな出費」（〝死かゝる人につひえ〟）と吐き捨て喧嘩になる様なども、赤裸々に描き出しました（『父の終焉日記』）。死んだ父や継母、異母弟にとって不名誉なことこの上なく、とんだくそじじいですが、親だからといって容赦しない筆致は、旧弊な価値観の残っていた江戸末期としては斬新で、近代を先取りしていたとも言えます（ただし小林氏前掲書によれば『父の終焉日記』はじめ、一茶の著作の多くは明治期の出版）。

凄いのは、一八一〇年正月から一八一八年末までの九年間、四十八歳から五十六歳までの日々と句が綴られた『七番日記《しちばんにっき》』です。

この日記はセックスの回数が記されていることでも有名で、強壮剤や妻の月経（月水）の記載もある。

驚くのは一茶の精力です。たとえば文化十三（一八一六）年、一茶五十四歳の八月六日には〝キク月水〟とあり、八日には月経が終わったのか、〝夜五交合〟、十二日〝夜三交〟、十五日〝三交〟、十六日〝三交〟、十七日〝夜三交〟、十八日〝夜三交〟、十九日〝三交〟、二十日〝三交〟、二十一日〝四交〟と、連日、おびただしい数のセックスが昼夜を問わず行われています。

翌文化十四（一八一七）年八月も、十四日〝三交〟、十五日〝二交〟とあり、この時のセックスが文化十五（一八一八）年五月四日の長女の誕生につながったのでしょう。冒頭であげた〝我と来て〟のほか、

〝名月を取てくれろとなく子哉〟（『おらが春』）

など、よく知られた一茶の名句はこの結婚生活のあいだに詠まれたものです。

『おらが春』には、長女さととの愛らしい姿も活写されています。

初めての誕生日を迎えたころ、よその子の風車を見て欲しがるので与えると、すぐさま〝むしや〳〵〟しゃぶり捨てる。つゆほどの執着もなく、ただちにほかのものに心が移り、そこらにある茶碗を壊しては、それもすぐに飽きて〝障子のうす紙をめり〳〵むしる〟。

「よくやったよくやった」と一茶が褒めると、本気にして〝きやら〳〵〟と笑い、ひたむしりにむしる。そんなさとを一茶は、

「心の内に一点の塵もなく、名月のように〝きら〳〵しく〟清らかに見えるので、〝跡《あと》なき俳優《わざおぎ》〟を見るように、本当に心の皺を伸ばした」

と形容します。

無心な我が子の姿を、あとに続く者のない名優の演技を見るようだ、というのです。さとの生き生きとした姿もさることながら、茶碗を割っても障子を破っても怒らず、感動して見ている一茶の姿に胸打たれます。

当時一茶は五十七歳。その高齢も手伝っていたのでしょう、自分の悲惨な子ども時代とは裏腹に、全身全霊で娘を愛していたことが伝わってきます。

相続争いの中の家族関係を赤裸々に語り、五十二歳で初婚と遅咲きながら、短い結婚生活で力の限り性生活に励み、子を愛し、創作活動に励んだ一茶。

人を憎むのも愛すのも全力投球のくそじじい、私はかっこいいと思います。

参考原典・主な参考文献

1 参考原典　本書で引用した原文は以下の本に依る。

小島憲之・直木孝次郎・西宮一民・蔵中進・毛利正守校注・訳『日本書紀』一〜三　新編日本古典文学全集　小学館　一九九四〜一九九八年

『本朝皇胤紹運録』……塙保己一編『群書類従』第五輯　続群書類従完成会　一九三二年

山口佳紀・神野志隆光校注・訳『古事記』　新編日本古典文学全集　小学館　一九九七年

小島憲之・木下正俊・佐竹昭広校注・訳『萬葉集』一〜四　日本古典文学全集　小学館　一九七一年〜一九七五年

村上直次郎訳・柳谷武夫編輯『イエズス会日本年報』上　雄松堂書店　一九六九年

西宮一民校注『古語拾遺』　岩波文庫　一九八五年

橘健二・加藤静子校注・訳『大鏡』　新編日本古典文学全集　小学館　一九九六年

片桐洋一・福井貞助・高橋正治・清水好子校注・訳『竹取物語・伊勢物語・大和物語・平中物語』　日本古典文学全集　小学館　一九七二年

竹鼻績全訳注『今鏡』上・中・下　講談社学術文庫　一九八四年

和田英松校訂『水鏡』　岩波文庫　一九三〇年

井上宗雄全訳注『増鏡』上・中・下　講談社学術文庫　一九七九〜一九八三年

川端善明・荒木浩校注『古事談・続古事談』　新日本古典文学大系　岩波書店　二〇〇五年

阿部秋生・秋山虔・今井源衛校注・訳『源氏物語』一〜六　日本古典文学全集　小学館　一九七〇年〜一九七六年

中野幸一校注・訳『紫式部日記』……『和泉式部日記・紫式部日記・更級日記・讃岐典侍日記』　新編日本古典文学全集　小学館　一九九四年

山中裕・秋山虔・池田尚隆・福長進校注・訳『栄花物語』一〜三　新編日本古典文学全集　小学館　一九九五〜一九九八年

『忠度集』……「新編国歌大観」編集委員会編『新編国歌大観』第三巻　角川書店　一九八五年

松田毅一・川崎桃太訳『フロイス日本史』2、5　中央公論社　一九七七年、一九七八年
東京大学史料編纂所編『小右記』八　大日本古記録　岩波書店　一九七六年
『きのふはけふの物語』……小高敏郎校注『江戸笑話集』日本古典文学大系　岩波書店　一九六六年
馬淵和夫・国東文麿・稲垣泰一校注・訳『今昔物語集』一～四　新編日本古典文学全集　小学館　一九九九～二〇〇二年
増補史料大成刊行会編『春記』　増補史料大成　臨川書店　一九八二年
和田清・石原道博編訳『魏志倭人伝・後漢書倭伝・宋書倭国伝・随書倭国伝』岩波文庫　一九五一年
井上光貞・関晃・土田直鎮・青木和夫校注『律令』　日本思想体系新装版　岩波書店　一九九四年
青木和夫・稲岡耕二・笹山晴生・白藤禮幸校注『続日本紀』二　新日本古典文学大系　岩波書店　一九九〇年
石井恭二訓読・現代文訳・解読『一休和尚大全』上・下　河出書房新社　二〇〇八年
『およう の尼』……西沢正二『名篇御伽草子』　笠間書院　一九七八年
渡邊綱也校注『沙石集』　日本古典文学大系　岩波書店　一九六六年
槇佐知子全訳精解『医心方』巻四・巻二十六・巻二十七　筑摩書房　一九九七年・一九九四年・一九九三年
鈴木一雄校注・訳『夜の寝覚』　日本古典文学全集　小学館　一九七四年
中野幸一校注・訳『うつほ物語』一～三　新編日本古典文学全集　小学館　一九九九～二〇〇二年
永積安明・島田勇雄『古今著聞集』　日本古典文学大系　岩波書店　一九六六年
伊藤友信訳『養生訓』　講談社学術文庫　一九八二年
酒井シヅ『すらすら読める蘭学事始』　講談社　二〇〇四年
酒井シヅ監修・中村節子訳注『老人必用養草　老いを楽しむ江戸の知恵』　農山漁村文化協会　二〇一一年

『田家茶話 六老之図』……国立国会図書館デジタルコレクション

山田昭全・三木紀人校注『雑談集』 三弥井書店 一九七三年

小林保治・増古和子校注・訳『宇治拾遺物語』 新編日本古典文学全集 小学館 一九九六年

神保五彌校注・訳『世間胸算用』……『井原西鶴集』三 新編日本古典文学全集 小学館 一九九六年

東明雅校注・訳『好色一代女』……『井原西鶴集』一 新編日本古典文学全集 小学館 一九九六年

『一寸法師』……大島建彦校注・訳『御伽草子集』 日本古典文学全集 小学館 一九七四年

秋本吉郎校注『風土記』 日本古典文学大系 岩波書店 一九五八年

稲賀敬二校注・訳『虫めづる姫君』……『落窪物語・堤中納言物語』 新編日本古典文学全集 小学館 二〇〇〇年

『黒塚』……小山弘志・佐藤喜久雄・佐藤健一郎校注・訳『謡曲集』二 日本古典文学全集 小学館 一九七五年

小町谷照彦校注『拾遺和歌集』 新日本古典文学大系 岩波書店 一九九〇年

小沢正夫校注・訳『古今和歌集』 日本古典文学全集 小学館 一九七一年

松尾聰・永井和子校注・訳『枕草子』 新編日本古典文学全集 小学館 一九九七年

岡教邃訳『雑宝蔵経』……『國譯一切經』阿含部十・本縁部一 大東出版社 一九三一年

高橋和彦『無名抄全解』 双文社出版 一九八七年

藤岡忠美校注『袋草紙』 新日本古典文学大系 岩波書店 一九九五年

市古貞次校注・訳『平家物語』一・二 日本古典文学全集 小学館 一九七三・一九七五年

『小侍従集』『千五百番歌合』……長澤美津編『女人和歌大系』第二巻 風間書房 一九六五年

水原一考定『新定 源平盛衰記』第二巻 新人物往来社 一九八八年

峯村文人校注・訳『新古今和歌集』 新編日本古典文学全集

小学館　一九九五年
馬場光子全訳注『梁塵秘抄口伝集』講談社学術文庫　二〇一〇年
表章校注・訳『風姿花伝』『花鏡』……『連歌論集・能楽論集・俳論集』日本古典文学全集　小学館　一九七三年
東京大学史料編纂所編『後愚昧記』二　大日本古記録　岩波書店　一九八四年
山下宏明校注『太平記』四　新潮日本古典集成　一九八五年
『金島書』……表章・加藤周一校注『世阿弥・禅竹』日本思想大系新装版　岩波書店　一九九五年
郡司正勝校注『東海道四谷怪談』新潮日本古典集成　一九八一年
『寂光門松後万歳』『極らくのつらね』……竹柴愬太郎編『鶴屋南北全集』第十二巻　三一書房　一九七四年
『戯作者小伝』……森銑三・野間光辰・朝倉治彦監修『燕石十種』第二巻　中央公論社　一九七九年
鈴木重三校注『葛飾北斎伝』岩波文庫　一九九九年
柴田光彦新訂増補『曲亭馬琴日記』第四巻　中央公論新社　二〇〇九年
矢羽勝幸校注『一茶　父の終焉日記・おらが春　他一篇』岩波文庫　一九九二年
丸山一彦校注『一茶　七番日記』上・下　岩波文庫　二〇〇三年
岩澤愿彦監修『系図纂要　新版』第三冊下　名著出版　一九九一年

2　主な参考文献については本文中にそのつど記した。

大塚ひかり
おおつか・ひかり
1961年生まれ。早稲田大学第一文学部日本史学専攻卒業。古典エッセイスト。『源氏物語』全訳六巻、『本当はひどかった昔の日本』『女系図でみる驚きの日本史』『エロスでよみとく万葉集　えろまん』など著書多数。

カバーイラスト　五月女ケイ子
カバーデザイン　鈴木大輔（ソウルデザイン）

ポプラ新書
196
くそじじいとくそばばあの日本史

2020年10月5日 第1刷発行
2021年2月16日 第8刷

著者
大塚 ひかり

発行者
千葉 均

編集
鈴木 実穂

発行所
株式会社 ポプラ社
〒102-8519 東京都千代田区麹町 4-2-6
一般書事業局ホームページ www.webasta.jp

ブックデザイン
鈴木成一デザイン室

印刷・製本
図書印刷株式会社

N.D.C.210/232P/18cm ISBN978-4-591-16763-2

P8201196

卑弥呼のサラダ　水戸黄門のラーメン

「食」から読みとく日本史

加来耕三

日本史に登場する有名人たちの「食」にまつわるエピソードを、彼らの人となりや出来事とともに紹介。幕末の英傑・坂本龍馬、徳川家康ら江戸の歴代将軍、戦国の天下人・織田信長、豊臣秀吉、平安の才女・紫式部、清少納言など、誰もが知っている人物の食の秘密と歴史の謎に迫ります。

ハゲの文化史

荒俣宏

古代から現代まで、私達に最も身近で深淵なるテーマ「髪」。人をおしゃれに彩るだけでなく、時には畏敬の象徴であり、性愛の対象であり、呪いの道具でもある。なぜ人はこれだけ髪を重要視するのだろうのか。歴史・神話の視点を経て、かつらブームに髪切り妖怪、はたまた増毛・育毛最前線まで。全方面からアラマタ先生が切り込みまくる、人類と毛髪に関する文化史・決定版！

世界史で読み解く現代ニュース

池上彰＋増田ユリヤ

世界史を知っていれば、現代のニュースが理解できる。現代のニュースからさかのぼれば、世界史が興味深く学べる。第一弾の本書では、中国の海洋進出の野望のルーツを中国の「大航海時代」に求め、中東に現在も影響を与え続けているオスマン帝国からイスラム紛争を読み解いてゆく。

世界史で読み解く現代ニュース〈宗教編〉

池上彰＋増田ユリヤ

宗教が「世界」を動かす時代に、知らねばならないこととは。「イスラム国」（ＩＳ）の背後にあるイスラム教、欧米を理解するのに欠かせないキリスト教、そしてイスラム教、キリスト教と同じ神を信じるユダヤ教。この三つの宗教を世界史の流れの中で学ぶと現代のニュースがより見えてくる。

生きるとは共に未来を語ること　共に希望を語ること

昭和二十二年、ポプラ社は、戦後の荒廃した東京の焼け跡を目のあたりにし、次の世代の日本を創るべき子どもたちが、ポプラ（白楊）の樹のように、まっすぐにすくすくと成長することを願って、児童図書専門出版社として創業いたしました。

創業以来、すでに六十六年の歳月が経ち、何人たりとも予測できない不透明な世界が出現してしまいました。

この未曾有の混迷と閉塞感におおいつくされた日本の現状を鑑みるにつけ、私どもは出版人としていかなる国家像、いかなる日本人像、そしてグローバル化しボーダレス化した世界的状況の裡で、いかなる人類像を創造しなければならないかという、大命題に応えるべく、強靭な志をもち、共に未来を語り共に希望を語りあえる状況を創ることこそ、私どもに課せられた最大の使命だと考えます。

ポプラ社は創業の原点にもどり、人々がすこやかにすくすくと、生きる喜びを感じられる世界を実現させることに希いと祈りをこめて、ここにポプラ新書を創刊するものです。

未来への挑戦！

平成二十五年　九月吉日　　株式会社ポプラ社